JIANSHOU CHUXIN
RANG JIAOYU LIXIANG ZAI SHIJIAN ZHONG FENGYING

坚守初心
——让教育理想在实践中丰盈

杨强强 ◎ 著

东北师范大学出版社

长 春

图书在版编目（CIP）数据

坚守初心：让教育理想在实践中丰盈 / 杨强强著
. — 长春：东北师范大学出版社，2023.2
ISBN 978-7-5771-0107-1

Ⅰ.①坚… Ⅱ.①杨… Ⅲ.①乡村教育—中国—文集
Ⅳ.①G725-53

中国国家版本馆CIP数据核字（2023）第034368号

□责任编辑：石　斌　　　　　□封面设计：言之凿
□责任校对：刘彦妮　张小娅　□责任印制：许　冰

东北师范大学出版社出版发行
长春净月经济开发区金宝街 118 号（邮政编码：130117）
电话：0431-84568023
网址：http：//www.nenup.com
北京言之凿文化发展有限公司设计部制版
北京政采印刷服务有限公司印装
北京市中关村科技园区通州园金桥科技产业基地环科中路 17 号（邮编：101102）
2023年2月第1版　　2023年6月第1次印刷
幅面尺寸：170mm×240mm　印张：16.75　字数：242千

定价：58.00元

序 言

　　杨强强同志的《坚守初心——让教育理想在实践中丰盈》一书即将付梓，邀我为之作序，颇感欣慰。

　　此书共收录强强同志的47篇文章，分为五辑。第一辑"教育思考，成长力量"12篇，是关于基础教育方面的思考，智者见智；第二辑"躬身实践，开拓创新"11篇，是关于课题的研究及教学设计，匠心独运；第三辑"学而知之，潜思笃行"9篇，是关于自己学习的收获和体会，有感而发；第四辑"智言睿语，成事达人"10篇，是关于成就教师和谋划教育发展的举措，建言献策；第五辑"扎根教育，言为心声"5篇，则是创建特色教育的典型发言，示范引领。

　　强强同志是虔诚的。

　　他语言中总呈现出鲜明的立场和观点，而且情中蕴理、理中生趣、趣中含思，令人生发许多思考。只要读读本书，便能从中感受到他语言的精辟和魅力：思想鲜活深刻，案例具体生动，形象真实多彩，情感丰富自然。

　　强强同志是睿智的。

　　他善于寻机学习，观察、审视、阐述教育问题，总能跳出教育的圈子，突破学校视野，摒弃单向思维惯性，发现别人看不到的问题和现象，并以具体、雄辩的生活实例为依据，由此及彼、由浅入深、形象生动地阐述问题和现象产生的原因、发展的本质及其解决的对策和措施，揭示教育发展、学校办学及学生成长的规律。这充分体现了一个教育人的教育理性、教育自信和教育智慧。

　　强强同志是勤奋的。

　　他在完成日常工作的同时，不断提升自己的学历和业务水平。勤奋铸就成功，坚守成就卓越。由专科升本科，最后到研究生；驾驭课堂由生到熟，不但获得县级优质课，而且是市级优质课获得者；管理上重视反思与总结，多篇论文在正式刊物上发表。坚守是一种信仰，淡泊明志，宁静致远。专注是一种态度，为者常成，行者常至。因而，他从一位普通教师，迅速成长为教学能手、市名校长，历经三处乡镇教育磨炼，均把学校办得"别致"和"精致"，把学前教育"玩转"得风生水起，有声有色，生机勃勃，可谓一路辛苦一路歌。

此书的可贵之处在于示范和引领，读罢此书，一个为教育理想勇于实践、大胆探索、踔厉奋发的教育人形象跃然眼前，体现了阳信教育辉煌的背后凝聚着一线教师的坚守初心、攻坚克难、负重奋进的生动实践；让人看到的是基层教育干部务实创新、锐意进取、追求卓越的使命担当。同时对一线校长、教师来说也是颇有启迪的。

教育工作者要实现由教书匠向教育家的蜕变，必须善于学习、勤于思考，大胆实践，勇于创新，不断超越自我。我认为，强强同志具备这个潜质，而且，他已经在路上。

王玉军

2022年12月6日

（曾任阳信县教育体育局党委书记、局长，阳信县第一中学、第二高级中学校长，阳信县政协机关党组书记。现任阳信县老年大学校长）

| 目 录 |

第一辑　教育思考，成长力量

第二辑　躬身实践，开拓创新

第三辑　学而知之，潜思笃行

第四辑　智言睿语，成事达人

第五辑　扎根教育，言为心声

第 一 辑

教育思考，成长力量

名师如何从有效教学走向优质教学

　　新课程改革要求教师从有效教学逐步走向优质高效的教学理念，这无疑对广大教师尤其是名师又提出了更高的教学要求，这是新时代新形势下的一种追求。我认为，优质教学是有效教学的升华和提高，是教师在课堂上要高质高效高境界地与学生进行交流，实现教学目标，达到知行合一、全面育人的目的。那么，名师如何从有效教学走向优质教学？本人有以下几点浅显的认识。

一、加强理论学习，充实优质教学理念

　　有效教学是对教师的基本要求，优质教学才是我们追求的目标。现在相当一部分教师对优质教学很陌生，不知什么是优质教学，这就需要我们教师不断加强教育教学理论学习，夯实有关优质教学的理论基础。我认为要成为一名追求优质教学的教师，必须勤读书，有思想，有智慧，敢创新，善反思。苏霍姆林斯基在《给教师的建议》中说："教师所知道的东西，就应当比他在课堂上要讲的东西多十倍，以便能够应付自如地掌握教材，到了课堂上，能从大量的事实中选出最重要的来讲。"是啊，教师只要注意平时多读书、多积累、多学习他人先进的教学经验，所有这些一旦日积月累，就会厚积薄发，就会在课堂上灵活运用，用40分钟的时间使学生接受以前2个40分钟所学到的知识，达到事半功倍的效果，实现高质量、高效率的教学。

二、认真钻研教材，提高优质教学深度

把握好教材是教师从有效教学走向优质教学的基础。教材是新课改理念的文本体现，是实现优质教学的载体，需要我们去认真研读、感悟、领会教材，了解教材的基本精神和编写意图，分析教材所渗透的基本思想、方法和学生活动的科学内涵，只有这样才能体会新教材中蕴含的教学理念。首先是深入挖掘教材内在的含义，明确教材内容之间的前后联系，把教材内容以由复杂到简单、由深到浅的形式变通出来，从教材入手，提高优质教学的深度。其次是创造性地"使用教材"，要根据学生的实际，或根据教学的需要，或针对教材中的一些不足之处，对教材进行改进和补充，使之更好地为教学、为学生服务。教师要解放思想、勇于创新，大胆对教材进行"再加工""再创造"。教师只要把教材钻得深，悟出来的道理就透彻，讲起课来就简单，即能够讲在点子上，就能够提高课堂教学效率，实现优质教学的目的。

三、挖掘独特方法，开启优质教学之门

实践证明，教师掌握了自己独到的教学方法，学生在课堂上学起来就会轻松，学生的成绩就会不断上升，学生的素质就会不断提高。教学有法，教无定法。我认为，找到适合学生的优质教学方法是开启教师从有效教学走向优质教学之门的钥匙。怎样才是优质的教学方法？我想，适合学生，使学生易于接受，能使学生全面参与并得到发展的方法就是最优质的方法。先学后教，以学定教。这种现行的方法针对性强，便于操作，不但培养了学生的自学能力，而且在课堂上节省了不必要的讲解，提高了课堂教学效率。不过在实际的课堂中，学生漫无目的地自学，学生的自学往往达不到预期的效果，还得需要教师全面的讲解才能解决问题。教师应该在学生预习前使学生明确自学的要求和目标，可以是提纲的形式，可以是问题的形式，可以是问卷的形式等，这样学生就有问题意识，就有自学解决问题的欲望，思维才会得到碰撞，探究性才会得到激发。总之，课堂是学生的天地，教师只有深入挖掘

适合自己学生的教学方法，学生的学习主动性才能更积极，才能实现高效优质的教学目标。

四、面向全体学生，奠定优质教学根基

教学是一门艺术，更是一种智慧，教师要运用自己的智慧使每一个学生都能得到发展。新课程理念明确指出，要关注学生的全面发展，要面向全体学生，这是奠定从有效到优质教学的根基。面向全体学生，意味着教师应尊重每一个学生，关注个体差异，着眼于学生的全面发展和终身发展的需要，满足不同学生的学习需求，创设能引导学生主动参与的教学环境，激发学生的学习兴趣，培养学生掌握和运用知识的能力，使他们通过学习，都能在原有水平上得到提高，获得发展。

北京师范大学肖川教授说过："课堂是生命相遇、心灵相约的场域，是质疑问难的场所，是通过对话探寻真理的地方。"所以教师要使教学从有效走向优质，必先让学生的学习有效；要使学习有效，必先让学生全面高度参与。学生只有在经历中学得知识、获得能力、悟得真谛，才会在经历中掌握方法、归纳规律、体验情感。教师要以平等的态度、赏识的目光、开放的胸怀激发学生的参与热情，以鲜活的氛围、真实的情景、多样的手法促进学生的参与度。所以，教师在课堂教学中要面向全体学生，让学生参与知识建构的过程，使每一个学生都得到发展，为实施优质教学奠定良好的根基。

五、创新教学模式，打造优质课堂教学

新课程实施以后，课堂教学必须进行与时俱进的改革与创新，这就需要我们构建新的课堂教学模式，打造优质课堂教学。目前的洋思模式、杜郎口教学、先学后教、学案教学、小组合作探究等都很有效，这些教学模式强调教师要创新自己的课堂模式，更加尊重教育教学规律，更加符合教师个人教学特点。教学无定法，贵在得法，课堂教学模式也是如此。简单的模仿不会走出属于自己的一片天地，我们只有认真地揣摩，从自己学校的情况出发，立足于自己学生的实际，与自己的教学风格相结合，才有可能真正实现知

识、生活和生命的共鸣，才会拥有个性和有生命力的课堂，才会打造属于自己的优质课堂教学，提高课堂教学效率，培养学生的全面发展，达到短时增效的目的。

总之，追求优质教学，关键在课堂，核心在于我们教师精湛的教学技艺，只有践行优质教学才是新课程理念下教育的真谛。名师从有效教学走向优质教学，需要根据自己的实际情况，采取适合自己学生的教学方法，只有努力创新教学模式，才能打造优质课堂教学，真正使教育成为学生幸福成长的奠基石！

农村校本课程开发的实践与思考

为深入贯彻党的十八大精神及教育部《完善中华优秀传统文化教育指导纲要》文件精神，推动中华优秀传统文化深入中小学校课堂，山东省阳信县流坡坞镇二陈小学以民间艺术"花棍打来、花环翻"为原型，开发了涵盖语文、数学、传统文化、艺术、体育与健康等领域的校本课程"打花棍、翻花环"。

一、课程的开发与实施

校本课程"打花棍、翻花环"的原型"花棍打来、花环翻"是阳信县流坡坞镇宋集村濒临失传的民间艺术，几十年前，逢年过节还偶尔会表演一番。目前，村中能表演这一艺术的老艺人已寥寥无几。我们聘请民间艺人为指导，利用身边废弃的木棍、铁丝、花布等制作花棍与花环，并通过民间艺人的言传身教学习"打花棍、翻花环"的表演动作。

课程的实施落实了有关文件提出的"校本课程的开发与实施要充分利用学生身边的资源""为学生的全面发展提供课程保障""可以扩大到艺术探究、体育与健康领域"等精神以及"学校应传承和发扬民间艺术"等意见；传承和发扬了优秀的民间艺术，寓传统文化、娱乐欣赏、强身健体为一体，引导学生传承和发扬民间艺术，提升欣赏和表演能力，培养合作、探究以及创新意识，锻炼身体和意志力，激发对传统文化和民间艺术的热爱，提高学生在传统文化、艺术、体育与健康等方面的素养。

二、课程的基本内容

本课程内容分五部分（16课时）：一是让学生了解"打花棍、翻花环"的历史、现状及蕴含的传统文化意义。二是教学生学会自制花棍和花环。三是让学生掌握打花棍、翻花环的动作要领。四是指导学生学习打花棍、翻花环的九种阵法造型。五是训练学生进行完整的表演，并不断提升表演的规范性和艺术性。该课程在学校六年级的第二学期实施教学，具体实施要求如下。

学习主题	具体课时及内容	实施要求
第1周 打花棍、翻花环的概况介绍	第1课时：打花棍、翻花环的历史、现状及蕴含的传统文化寓意	以学生对这一民间艺术已有的感性认识为基础，通过对历史及现状的介绍，对蕴含的传统文化寓意的解析，增强学生学习的兴趣。教学中可充分发挥这一艺术流传于宋集村的资源优势，鼓励学生实地去调研、探究、体验
第2~3周 自制花棍和花环	第2课时：自制花棍	引导学生利用废弃的木棍、铁丝、布条等自制表演道具。借机培养学生变废为宝和环保意识。制作过程中要注意提醒学生互相对比、注意安全
	第3课时：自制花环	
第4~5周 学习打花棍、翻花环的基本动作	第4课时：学习打花棍	教师要强调各个动作的分解与衔接，注重动作的示范演示和对动作不到位学生的个别指导，引导学生分组演示，组内合作、组间竞争，及时的评价与鼓励能激发学生的学习热情，提高学习效率
	第5课时：学习翻花环	
第6~14周 学习表演打花棍、翻花环的九种造型	第6课时：四门斗	为提高效率，教学中可把学生分成小组，邀请熟练掌握这一表演过程的民间艺人、教师等参与到各小组给予指导；同时注意培养学生的合作探究意识和团队精神；及时开展多主体、多形式的评价，保持学生学习和训练的兴趣与信心。九种造型的教学过程涵盖了多个领域的相关知识，教学中要关注学生技能提高、知识拓展、情趣培养、情感熏陶等综合素养的提升
	第7课时：跑蒜瓣	
	第8课时：金蛇蜕皮	
	第9课时：剪子股	
	第10课时：十字街	
	第11课时：车轮滚滚	
	第12课时：石榴开花	
	第13课时：卷箔	
	第14课时：收场	

学习主题	具体课时及内容	实施要求
第15～16课时 提高表演的规范性和艺术性	第15课时：完整的表演	这一主题一是让学生掌握完整的表演过程；二是引导学生不断发现问题、提出建议，进一步丰富表演的过程，提高表演的质量。教师要注重给学生创设有效的情境，引导学生进行自主探究、合作交流，挖掘创新的潜力，激发创新的动力，并及时验证创新的成果。教学中鼓励学生不满足现状，不断出新成果很重要
	第16课时：规范与提升	

三、"打花棍、翻花环"表演过程的九种走法造型

1.四门斗

四门斗也是秧歌开始时打场子的场面，场地四角各有一个圆圈，学生沿着场地周围的直线边走边打。走到四角圆圈时，每个学生围绕圆圈穿插绕过，直到跑完四个圆圈。

相传古代，劳动人民修建房子时，在宽敞的宅基周围，四角各建一高大土台，一是为看家护院；二是可以祈福求财，保佑四季平安之意。场地四角的圆圈表示宅院的土台。

2.跑蒜辫

完成四门斗后，整队分开两队相对而行，交叉穿过，象征劳动人民丰收之后，载歌载舞的欢乐情景。

3. 金蛇蜕皮

两队穿过后，再相对行进。等到场子中间，两队相遇，并列直行穿过场子。走到场子尽头，两队向内并行返回。当走到另一端时，一队返回并举起右手中的花棍和花环，搭成人字形过道，另一队在内穿过，形成一条长蛇。这时各队首尾相接，来回穿梭，犹如金蛇蜕皮。

4. 剪子股

两队行至进场起点，变换队形，向外环形返回，在场子中间相遇，交叉穿过，变成直线，斜向两边，形成一把巨大的剪子形状。

5. 十字街

两队继续行进，绕场子行进。当一队行至另一支队伍的侧面时，两队同时进入场子，相遇后，穿插直行，使两队女生形成十字，男生形成一队，绕十字队形转圈，最后合拢，形成外面圆圈，里面十字的花样，寓意十全十美。

6. 车轮滚滚

在上面花样的基础上，女队成一字型，两队呈十字形转动，同时外面的男队绕里面的女队转动（与女队转动方向一致），像车轮一样，滚滚前进，寓意生活越过越好，滚滚向前。（这时，可以停止转动，歌声响起……八月桂花……）

7. 石榴开花

女队转动停止，其中一支女队随男队转动，另一支女队跟上，向内一边转，一边收缩形成一束花朵，像石榴花一样，展现在我们面前。（这时，歌声响起……八月桂花……）

8. 卷箔

鼓声响起，男队一边行走，一边向外展开，女队跟上，形成一个大圆圈，队首乘机进入内圈行走，队伍螺旋形逐步层层向内收缩，好像把编制好的苇箔卷起来似的。此时，锣鼓声加速，学生步点加快，各个队员跳跃行走，整个场面欢快热烈。当队首走到尽点时，锣鼓声回到原来的节奏，队伍从内再一层层走出。

9. 收场子

队伍慢慢展开，当队首走到边缘时，回到规定的地点，逐步排成四列纵队，完成演出。

四、成果介绍

在课程实施过程中，为检验课程实施的效果、提升课程实施的价值，我们积极参加各级、各类实践和竞技活动。

1. 积极参加各级、各类实践活动

学校的"打花棍、翻花环"到流坡坞镇敬老院参加过慰问演出，到流坡坞镇文化广场参加过服务三农消夏演出，到阳信县梨园广场参加过全县闹元宵节目展演等活动。

2. 积极参加各级各类竞技活动

学校的"打花棍、翻花环"课程开发荣获阳信县优秀课程资源评选二等奖，学校教师执教的"打花棍、翻花环"荣获山东省首届校本课程优质课评

选二等奖等。

五、课程反思

随着课程的实施，我们也在不断总结与反思如何提高课程的实施水平。一是虽然制订了实施方案，在课堂教学过程中，我们虽然也在语言表达和动作规范方面做了不少探究和推敲，但是我们仍明显意识到有些语言的描述还不够准确，有些动作的演示还不够到位。我们将聘请语言、艺术方面更专业的人士参与进来，力争语言的表达更精确、简洁，动作的展示更美观、规范。二是在开发实施的过程中，我们对表演形式进行了较大补充和创新，但由于水平有限，没有根本性的突破和提高。今后，我们将在不断完善现有九大阵法造型的前提下，继续探究新的阵法造型，进一步丰富其传统文化寓意，提高其娱乐欣赏价值，增强其强身健体的功能。三是通过一学期的学习，学生的动手动脑能力得到了完美体现，我们也更加感觉到学生身上的潜力是无限的。我们将更加突出学生的主体地位，吸收学生加入创作团队，发挥学生的群体智慧，继续补充完善课程实施纲要，为提高这一课程的实施水平提供更丰富的素材。

二陈小学是一所偏远的农村小学，办学条件较差，操场完全是土场地，雨天泥泞不堪，晴天尘土飞扬，往往一堂课下来满身灰土。即便如此，我们仍然没有放弃对这一课程的探究与实施，让学生健康、快乐地成长是我们不懈的追求，我们会更加努力，在继承和发扬传统文化的道路上争取走得更远。

试析语文阅读教学中如何培养
学生的分析能力

阅读教学是语文课堂教学的重要组成部分，学生在教师的指导下逐步学会阅读、学会分析、学会理解、学会概括，提高了解决问题的能力。这是发展学生智力必不可少的重要环节，是提高读写训练的基础，也是学好其他学科的基础。那么，在初中语文教学中，如何培养学生良好的阅读能力和分析能力呢？就此谈谈笔者在语文教学中的几点体会。

一、营造氛围，激发学生阅读分析问题的兴趣

"兴趣是最好的老师"，从心理学、教育学的角度分析，中学生在很大程度上是凭着兴趣学习的，对学习一旦产生了兴趣，就会收到事半功倍的效果，因此在语文课堂阅读教学中教师的趣味导学就显得尤为重要。教师的教学方法要有趣味性，激发学生的阅读兴趣，激起学生的求知欲望，让自主学习的意识在潜移默化中培养起来。

教师在教学中可引用诗词、成语、名言警句、寓言故事、对联、俗语、名人故事等，激发学生的阅读兴趣，丰富学生知识，或借教具助学生领悟感情。例如，讲朱自清的散文《背影》时，教师可先让学生听歌曲《父亲》，在听歌时让学生思考父亲给自己的感觉。悠扬的旋律会让学生想起生活中的情节，感人的歌词会在学生内心深处激起层层波澜，听完歌曲自然就会激起学生阅读的积极性和趣味性并且促使学生能够谈论自己的感受。为此，教师

要精心设计、巧妙构思，灵活运用教学方法，这样就能使学生进入最佳的学习情境，自主阅读文章，分析文章问题，解决阅读文章中涉及的实际问题。

二、启迪质疑，培养学生的阅读探究精神

古人说："学贵知疑，小疑则小进，大疑则大进。"有疑问，才有学习的内驱力，人类的思维活动往往是由于要解决当前面临的问题而引发的。课堂上要让学生在阅读中学会思，必先教有疑。在阅读教学中，教师要积极引导，启发想象，鼓励他们敢想、敢疑、敢问，重视学生质疑能力的培养，进而进行发现问题的教学，培养学生自主阅读分析的能力。例如《金岳霖先生》一课的教学，学生在反复阅读的基础上提出了这样一些问题：文章标题是"金岳霖先生"，为什么课文安排了部分篇幅写别人？金岳霖先生是我国著名的大学教授，文中很多细节描写，如他的眼镜片是一片白一片黑，写他和小朋友斗鸡，写他和鸡同桌吃饭。这些描写是否有损一个教授的形象？对学生提出的这些问题，教师可让学生自己读书，互相议论，自主探索解决。这种教学能真正达到以学生的问题不断提出为教学的开始，至学生锲而不舍地解决问题为成功的归宿的目的，教学就显得更为有效和积极。

三、循序渐进，培养学生的阅读分析能力

语文阅读能力的训练必须遵循其低到高的发展顺序进行，同时必须以发展学生的思维力和想象力为中心。

1. 判断力的培养

判断力是指明确事物的概念、理解事物的本质的能力，可以利用文本中的判断句或限制和修饰成分来训练。例如，"错误常常是正确的先导"这句话，如果把"常常"一词去掉，这个判断就绝对化了，因为生活中错误之后并不一定就产生"正确"，加上"常常"，对"错误"现象本质特点的揭示就准确了。

2. 分析、综合能力的培养

分析、综合能力构成了人类基本的思维过程，也是阅读理解能力的核

心。分析能力是将事物的个别特征或个别方面分解出来的能力，只有通过分析，对课文的整体认识才能深入。综合能力就是在思想上把分析出的个别特征或个别方面综合起来考虑的能力。所以，分析能力的训练离不开综合的指导，综合能力的训练必须以分析为基础。教师必须在学生熟悉全文的基础上训练学生给文章分段、给段分层、给句子划分结构，培养学生的分析能力；必须在分析文章的基础上让学生概括层义、段义、题旨，以训练学生的综合概括能力。给文章列写内容提纲是训练学生分析综合能力的有效方法。

3. 联想能力的培养

联想能力指由一事物的印象、观念联想到另一事物的印象、观念的能力。有了联想可以将有形文字的意义空间拓展到最大，从而使理解更准确、合理。

四、教给方法，培养学生自主阅读分析能力

教师培养学生的阅读能力，教学生学会阅读，树立"终身学习"的观念，比传授知识更为重要。教师要善于"授之以渔"，引导学生学会"织网""捕鱼"的方法，让他们在知识的海洋里获取无穷无尽的知识之"鱼"，掌握一些学习的基本方法，在获取新知识的过程中，知道运用已有的条件去寻找解决问题、认识新事物、产生积极联想的途径，这是送给学生的一笔终生发展受用的财富。一堂好的语文课，不是看教师教了多少，而是看学生学了多少、学会了多少；教师能指点一条路，学生可循此去探索思考；教师能给予一点启示，学生可以有的放矢地去拓展知识；教师能引导学生归纳一些方法，学生可以举一反三地去实践运用，如字词学习的方法、写字的方法、造句的方法，或联系上下文意思理解文章内容，或用肢体动作演示理解，或查字典，等等。学生掌握的方法越多、越细，其自主学习的能力就越强，就可以去广泛地自学，把课内的学习主动迁移到课外去，并将所学的知识技能用来解决新问题，加以创造性地发挥。

行制度管理之船　扬人文关怀之帆

学校管理既要用制度管理规范人，又要用人文管理发展人，只有二者双管齐下，"刚""柔"并济，完美结合，才能有利于学校的健康发展，有利于形成和谐的管理文化。

一、加强制度建设，推进学校管理规范化

中国有句俗语："没有规矩，不成方圆。"规矩即制度，制度是学校管理的基石，其最大意义在于使学校管理有法可依，以法治取代人治。人们常说"一个好校长就是一所好学校"，但是我认为一所学校要成为可持续发展的好学校，就必须是一个好校长加上好的制度。

1. 完善人本制度，丰富教育内涵

制度建设是学校自主管理、自我约束、依法接受监督的基本依据，中心学校坚持用制度引路、用制度激励、用制度保障，规范学校管理。经过广泛讨论，反复酝酿，着眼于学校长远发展，中心学校先后出台了《流坡坞镇教育干部管理考核办法》《流坡坞镇工作创新奖励办法》等一系列规章制度。这些制度涵盖了安全防范、教育科研、活动管理、评价考核等各个方面，既有保障性，也有导向性。中心学校特意在这些制度设计中渗透了以人为本的理念，体现了与办学目标、素质教育要求相一致的思想，在此，"软文化"与"硬制度"融为一体，既起到了规范强制作用，又发挥了激励引导作用。

2. 实施精细管理，助力学校发展

天下大事必作于细，细节决定成败。中心学校坚决贯彻"把大事做实，

把小事做细，把细节做亮"的管理思想，建立起"教育工作精雕细琢，教学工作精耕细作，后勤工作精打细算"的精细化管理模式，变一人管理为大家管理，做到人人会管理，处处有管理，事事见管理，使权力层层有，任务个个担，责任人人负。纸上谈兵终是空，身体力行方成真。上学年，中心学校多次组织联检观摩小组，对各学校的工作进行全方位、多层面、精细化的检查，对发现的问题及时反馈、要求整改，对发现的好做法及时推广，有力助推了各校内涵发展和特色学校的创建工作。

"春种一粒粟，秋收万颗子。"如今，流坡坞各校都形成了自己的特色，获得了多项荣誉称号：流坡坞学校被评为省级语言文字示范校、市级图书管理优秀单位，曹集学校被评为"三项活动先进集体"和"文明教育优秀学校"，前营小学被评为"感恩教育示范学校"，二陈小学被评为"诗文诵读、才艺培养示范学校"。

3.弘扬制度文化，打造钢铁团队

制度发展到人们自律阶段就会上升为一种文化。制度规范行为，行为形成习惯，习惯培育传统，传统积淀文化，文化塑造灵魂。因此，让"制度治校"成为中心学校管理的重要一环，用制度捍卫公平，用制度聚拢人心，让制度凝聚力量，让制度升华文化。

中心学校每一项重大决策，包括评优树先、人员调整、教师分配等，凡是涉及学校或教师切身利益的事，都要发扬民主、集体研究，让制度说话，按规则办事。因为制度面前人人平等，这样教师就可以多谋事业、少发牢骚，凭本事干事，靠业绩说话，形成了人人争先进、事事创一流的浓厚氛围。沐浴制度文化的光辉，全镇教师产生了教育激情，内强素质，外树形象，打造了一支教书育人、无私奉献的"钢铁团队"，促使流坡坞镇驶入了全县教育发展的快车道。

二、践行以人为本，助推学校管理人文化

学校的发展起步于制度建设，提高于人文关怀。中心学校一贯秉承"以人为本"的办学管理理念："尊重教师，关心教师，服务教师，提升教

师，发展教师"，积极创设温馨和谐的工作环境，尽最大努力为教师搭建成就事业的广阔舞台，提升教师幸福指数，使学校的发展成为每一个成员的愿景。

1. 尊重教师，学校管理坚持教师为本

管理的核心在于尊重人，在于调动每一位团队成员的工作积极性和创造性。中心学校时刻注意以校长的人性化管理赢得教师的个性化工作。"感人心者，莫先乎情。"上学期一位教师唯一的女儿不幸患上了脑瘤，花去巨额医疗费用，中心学校多方奔走，协调县民政局、慈善总会等单位，积极开展救助活动，善款像暖流传递着爱的真情，滋润了教师的心田。为体现对一线老教师的人文关怀，中心学校制订了为50岁以上在职在岗教师"贺生辰、送祝福"的活动方案，为符合条件的老教师送蛋糕、送祝福。"莫道桑榆晚，为霞尚满天。"老教师们深受感动，在各自岗位上人尽其才、人尽其力，全镇上下形成了一家人、一条心、一股劲。

2. 关心教师，为教师提供人性服务

"得民心者得天下。"聚人心、促"人和"，必须强化服务意识，把服务管理理念渗透到工作的各个环节。"管理就是服务"，它体现了"以师为本"的柔性管理特点。在走访学校时了解到，各小学至今还没有自行车棚，教师们的车辆无处存放，每天风吹日晒。于是中心学校筹措资金2万多元，为6所学校建设了车棚，既靓化了校园，又解决了多年来自行车存放问题，解除了教师们的后顾之忧，凝聚了人心，激发了活力。

3. 成就教师，为教师搭建发展平台

学校管理虽然千头万绪，真谛却是最大限度地发挥教师的主观能动性，因为教师是学校发展的源泉和动力，是践行教育理念、推进素质教育的关键。成就教师才会成就学生、成就学校。

我们觉得，送给教师尤其是中青年教师最好的礼物，就是为他们提供展示才能的机会，打造专业发展的平台。"心有多大，舞台就有多大"，优质课评选、"教学开放日"、教学技能比赛、科技创新大赛、解放思想主题演讲等活动，成为广大教师挥洒才情，铸就精彩的"用武之地"。同时，我们

想方设法克服经费困难的实际，加大资金投入和奖励力度，鼓励教师积极参加业务培训和观摩交流等教研活动，一年来，选派教师外出学习达300多人次，大大提升了教师的教科研能力。

"海阔凭鱼跃，天高任鸟飞。"我们欣喜地看着教师们在"流坡坞大舞台"上"各施绝技""各显其能"，体味着他们的"倾情演出"所带来的惊喜，我们有理由相信，教师们一定会用鼠标幻化出更多神奇，用粉笔演绎出更多精彩！

三、刚柔并济结硕果

"青山遮不住，毕竟东流去。"一分耕耘，一分收获。上学年，在全省小学混合式"双对接"远程研修中，流坡坞镇有10名教师被评为省优秀学员；在课堂教学中，有3人被评为县学科带头人，2人分别通过市县学科带头人复评，在各级优质课评选中获奖人数达17人之多；在省市县科技创新大赛中，2人获得省级奖，5人获得市级奖；在课题研究中，有4项课题通过县级鉴定，1项课题在省教研室立项，6项课题被县教研室批准立项；在县教育成果评选中，18人获奖；在文体活动中，流坡坞镇取得了全县中小学秋季运动会小学组第五名、乒乓球比赛全县第二名、羽毛球比赛全市第二名的优异成绩。制度管理与人文关怀一刚一柔，相得益彰，仿佛张开的双翼，助力流坡坞镇教育开始腾飞。

"潮平两岸阔，风正一帆悬。"流坡坞教育以制度管理为船，以人文关怀为帆，一定会乘风破浪，驶向成功彼岸！

关于水落坡教育发展的几点思考

近年来，在各级领导的关心支持和全体教职工的共同努力下，水落坡教育工作取得了显著成绩。水落坡镇教育工作在经历了几次波折后，这几年一步一个台阶，有些工作走在了全县前列，但仍存在一些问题，制约着全镇教育的发展。为此，我们进行了一番走访调研、座谈了解，力求通过我们的工作，找到加快水落坡教育发展的办法。

一、存在问题

1. 办学条件落后

近几年，水落坡的办学条件虽然发生了较大变化，但总体仍然落后，办学水平与时代要求、与社会期望还有较大差距。特别是因为水落坡镇经济基础差，历史欠账多，镇党委政府很难投入大量资金改善办学条件。教育基础设施少，实验室建设、功能用房的数量等还不能满足教育日益发展的需要。

一是校舍不足。除长庄、皮店的现有校舍较为宽松外，其余学区小学的校舍可以说非常紧张，特别是福和、李家、前田等几所小学，可以说这几个学校配备的教学设施都没地方放置。为此，我们也做了一些补救性工作，比如无奈之下将全镇小学六年级集中到中心小学、雷家小学和雷家中学，但还不能满足学区小学教育教学的需要。

二是校舍简陋，有的还存在安全隐患。大郑、长庄、福和、李家、前田、大孙的部分校舍门窗小、采光条件不好，室内潮湿，墙皮、地面都有待处理；王马、皮店还存在危房，雷家小学、雷家中学的危房问题更为严重；

皮店、大郑还有水泥檩条校舍；多数学校操场在校外，不同程度被周边村民侵占。

三是学区小学音体美卫器材配备不足。福和小学仅有几个水泥乒乓球台，别的什么都没有了；大郑小学仅有单个篮球架，王马、皮店、李家、钦八等小学的篮球架是水落坡中学2011年替换下来的旧篮球架，破损严重，几乎没有利用价值；其余的体育器材仅限于去年统一配备的羽毛球网、乒乓球台、体操垫子、篮球、足球等；音乐、美术和卫生器材"两基"后基本未配备。

四是工作生活条件差。绝大多数学区小学的办公桌椅已经十分破旧，特别是王马、皮店、福和、雷家、钦八、前田、大孙等小学。学区小学不能解决学生的吃热饭与喝热水问题；绝大部分学区小学解决不了教师的午休问题，个别学区小学的教师午饭问题得不到解决。

2. 师资队伍紧缺

教师老龄化问题日益突出，大部分小学师资队伍老化，年轻教师严重不足，出现断层现象。全镇小学（含幼儿园）在编职工231人，其中借调外单位15人，病休28人；在岗188名职工中，46岁以上128人，其中50岁以上88人。例如，皮店小学教职工全部在40岁以上，李家小学教师平均年龄53岁。可以说，目前全镇小学教育的"主力军"仍是20世纪从民办教师转为公办教师的那一批人，平均年龄在55岁左右，2014年12月退休7人（不含上半年2人），2015年退休14人，2016年退休15人，2017年退休13人，未来3年内至少有1/4的教师面临退休，如果没有新鲜血液的输入，上课教师将陷入难以为继的状态。老教师大多数是民师转正，本身学历低，知识水平不高，又不愿意学习新理念，不愿意接触新事物，上课教学往往是凭经验办事，面对素质教育，面对课程改革，他们显得力不从心。老教师本身岁数大，或多或少都有这样那样的职业病，因为人员紧张，大多数都坚守在教学一线，他们顾大局、识大体，值得表扬，但也存在着教学成绩、教学质量不高的问题，这也导致了小学整体教学质量不高。

3. 干部队伍老化

水落坡镇十三所中小学及幼儿园，除去两所中学校长和中心幼儿园园长，其他10位校长50岁以上7人（其中53岁2人、52岁3人，51岁2人），学区小学校长和中心幼儿园园长从事校长（园长）时间从2年到20年不等，超过50岁的校长（园长）大多干了十几年，他们在同一个学校任职少则五六年，多则十多年，见证了水落坡教育的发展变化，更为水落坡教育的发展付出了心血和汗水。从以上数字可以看出，大多数校长的年龄大、校龄长。年龄大，意味着见多识广，德高望重，但个别人也存在思想老化、墨守成规、故步自封、不跟形式的弊端，有停一停、歇一歇、船到码头车到站的想法；校龄长意味着身经百战，富有经验，但个别人也存在疲沓心理，满足于已有的旧知识、旧经验，不能适应现在的新形势、新要求、新标准，自我感觉良好，或只学习不善于嫁接，不善于改造，不善于创新，这些都影响着工作质量的提高。

因为近几年，学区小学基本没有青年教师进入，中层干部大都40岁以上，干部队伍面临青黄不接、有些岗无人干的局面。比如2014年暑假，大孙小学原教导主任借调到镇府上班，其他教师不是岁数大，就是身体有病，选不出教导主任，因为偏僻，其他学校的教师也没人愿意去。2014年县局分来一个女大学生，直接安排到大孙小学从事教导主任工作，这也不敢保证明年能不能留住。因为教师人数少，中层干部课不少上，还要承担各级各类检查、评比、创建任务，准备现场、组建档案、布置环境、建设文化、组织活动等，一个人忙成三个人。比如钦八小学，5个年级5个班，全校一共10名教师（含校长中层），如有教师请假，上课都成问题。中层干部不同于班主任，没有任何的待遇、报酬，特别是2013年以来，很少的补助也没有了。人是感情动物，也有七情六欲，也食人间烟火，讲回报不讲付出不行，只讲付出不讲回报更不行。我们常说：干与不干一个样、干多干少一个样、干好干坏一个样，这是最大的问题，解决不了这些问题，事业就不会发展。据了解，有几个中层干部早就向校长打过招呼，要求辞职不干，碍于校长的情面和极力挽留，这才没有出现空缺。但也出现了新的问题，个别干部对工作应付，习惯于"等一等""靠一靠""拖一拖"，想问题先看困难多不多，其他学校动不动；办事情存在"将就"心理，不在乎干好干不好，只在乎完成任务，领导不找就行了。

部分教育干部工作缺乏主动性、创造性，习惯以往的做法，因循守旧、安于现状，被动应付、工作滞后，境界不高、眼界不宽，思路不新、办法不多，跟不上教育快速发展的节奏与步伐，使得学校发展没起色，更没特色。在某些方面、某些环节上不与上级保持一致，不服从领导安排，只知道应付变通，不能做到政令畅通，有令不行，有禁不止。这也是学区小学管理水平低下的原因之一。

4. 发展环境不佳

学校积极向上的正气不足。在中央"八项规定"出台后，因为没有了物质奖励，个别教师看到干与不干、干多干少、干好干坏只是个考核问题，影响不到其他利益，极个别教师甚至产生了"向中庸看齐、不求有功但求无过、即便有错学校也不能把我怎样"的不良心态。有些教师感觉晋级无望，也不再进取，身上少了向上争取的正气，对评优晋级感觉无所谓，产生了"工作干不好学校也不能如何"的不健康思想。造成其他教师心理不平衡，开始发牢骚、攀比。

总体上看，我们的教师绝大多数是好的或比较好的，他们扎根农村，爱岗敬业，教书育人，负重拼搏，仍不失为这个社会最值得尊重的人。但也不可否认我们有极少数教师敬业精神不强，小病大养、无病呻吟现象时有发生，"职业倦怠症"潜滋暗长。部分年轻教师对工作走马观花、蜻蜓点水、浅尝辄止，爱岗不敬业，缺乏创业激情。极个别教师缺乏基本的是非辨别能力，不能用辩证的发展的观点看待社会问题和现象，而是用自以为聪慧的眼光看人论事，对什么都不满，对什么都看不惯。这些问题的客观存在，一定程度上影响了教师队伍的形象，值得我们反思。

"家和万事兴""家中不和外人欺"，因为学校内部问题影响了人们对教育的看法，关心、理解、支持的少了，社会上极个别人因为个人目的未达成，开始对教育冷嘲热讽，鼓倒掌、喝倒彩，时不时出难题、使绊子，造成教育发展步履缓慢，甚至有恶性循环趋势。

5. 教育质量不高

我们知道，水落坡综合督导成绩在全县排名前列，但这主要得益于两所中学中考成绩比较好，但要说起学校管理、小学抽考等，还存在不少问题。

备受全镇人民关注的中考，前几年，水落坡中学和雷家中学在历届校长的带领下，群策群力，攻坚克难，取得了显著进步，带动了全镇总体成绩的提高，但也存在办学条件落后（主要是雷家中学）、成绩起伏不定、生源基础较差等问题。中学抽考成绩：2012年抽测，水落坡中学第4，雷家中学第10；2013年抽测，水落坡中学第11，雷家中学第5。成绩好只是自己跟自己比，放在全县来看，也只是排在全县中上游，县直学校没法比，劳店中学、商店中学、勃李中学这几年发展迅速，洋湖中学、金阳中学、翟王中学、信城中学步步紧逼。可以说是前有标兵，后有追兵，不用说躺在功劳簿上睡大觉，就是稍微大意，或者说稍有松懈，都有可能被超越、被落下。

小学教学质量离人民群众的高要求有不小差距，前两次抽考成绩很说明问题。2012年抽考成绩（全县23所学校）：中心小学，语文第3，数学第18，科学第11（12所学校评比），地方第6（12所学校评比）；长庄小学，语文第16，数学第16，品社第8（9所学校评比）。2013年抽考成绩：乡镇全县第7，中心小学（12所学校评比）总分第6，语文第5（全县第8），数学第5（全县第7），英语第5，科学第8；大郑小学（9所学校评比），语文第9，数学第7。另外，除去水落坡学校，其他学校管理评估成绩也很不理想。

总的来说，水落坡教育质量与先进乡镇相比还不够高，但人民群众希望自己的孩子能够接受好的教育，有好的身体素质、学习成绩、养成习惯，能够健康成长，顺利升学。学校教育不能满足群众要求，导致了群众对教育的不理解、不支持，甚至是不满，没有人民群众和社会各界的理解支持，又反过来进一步影响了教育质量的提高。

6. 学前教育发展缓慢

目前，全镇共有11所幼儿园，其中镇中心幼儿园1所，小学附设幼儿园10所，全镇5.8万人口，仅有870名在园幼儿。公办园存在园舍面积小、园舍结构差、玩教具少、活动教室不足等问题；民办幼儿园更差，他们以营利为目的，大部分为家园合用或租用民房，"能放得下孩子就行""有间屋能哄孩子就中"，这样的园舍设施，存在极大安全隐患。全镇共有51名幼儿教师，其中在编教师7人，其余的非公办幼儿教师月工资依靠保教费收入发放，收入在800～1100元，均未购买社会保险，存在三"低"和三"不"问题：一是待遇偏低，教师队伍不稳；二是素质偏低，保教质量不高；三是数量偏低，工作效率不高。全镇有民办幼儿园7所，因利益驱使和监督管理机制问题，非法民办园可以说是此消彼长，清理整顿难度较大。

二、对策与措施

我们找出存在的问题，不是让谁难看，更不是追究责任，而是为了提出问题，"对症下药"，然后解决问题，解决了问题，也就实现了发展。有些问题是全县共性的，有些问题是水落坡镇独有的，我们要立足实际，用发展的眼光、创新的思维、有力的举措，逐步解决。

1. 争取党委政府支持

我们深知：党政领导重视、社会各界支持是教育发展的关键，我们积极争取党委政府支持，让他们愿意管教育，乐意管教育，真心管教育，时时想教育，事事说教育。我们要利用各种机会、借助各种媒体加大教育宣传力度，对内凝聚力量，鼓舞士气，激发广大教师扎根教育、无私奉献、建功立业的内在动力；对外宣传全镇教育改革发展的新举措、新成就、新经验等，展示水落坡教育新形象，让教育成为人们关注的热点，让万千家长对自己的孩子满怀热切的希望，营造全社会都关心教育、支持教育的氛围，确保教育健康和谐地发展。

2. 坚持中学优先发展

县域教育看高考，乡镇教育看中考。中学成绩是乡镇教育的生命线，决定综合督导成绩，关系乡镇荣辱兴衰，要想方设法、千方百计，为两所中学加快发展提供各种支持。两所中学要加强管理，规范办学行为，强化过程管理，努力提高办学质量；进一步深化学校内部管理体制改革，采取多种方式，激发内部活力，提高全体教职工的工作积极性和创造性；加大边缘生转化力度，积极培育新的中考增长点，确保中考有新的突破。

3. 大力改善办学条件

抢抓薄弱学校改造和标准化学校建设机遇，千方百计争取领导支持，努力完成雷家小学教学楼建设任务，尽早搬迁雷家小学；稳步实施薄弱学校改造规划，在党委政府支持下，开展前期规划、征地补偿等工作，逐步改善各中小学办学条件；科学制订条件改善计划，逐年逐校配备必要的体育、音乐、美术器材，逐步改善师生的工作、学习条件；抓好校舍设施维护管理工作，强化对中小学微机室、图书室、仪器室和实验室等各类功能用房的使用与管理工作，确保管好、用好各类设施设备，发挥出应有效益。

4. 加强教师队伍建设

要以培养一支高素质的教师队伍为目标，加大培训学习经费投入，鼓励教师参加各级各类教科研活动，激活教师教研热情，向科研要质量，向科研要成绩；要以转变教师人生态度为目标，实施教师读书工程，不断提高教师素质，更新教育教学理念，增强教师职业幸福感；探索实施"水落坡好老师"培养工程，激励优秀人才脱颖而出，实现骨干教师的培养有新突破；积极争取领导支持，为教师队伍充实新鲜血液，优化教师队伍年龄结构，确保全镇教育持续健康发展。

5. 优化教育内部环境

环境是成就事业必不可少的条件，教育更是如此，特别需要良好的环境。一是塑造全镇教育新形象。严格落实安全稳定长效机制，看好自己的门，管好自己的人，办好自己的事，确保安全稳定不出问题，树立全镇教育的良好形象。二是塑造干部队伍新形象。校长要本着对事业和学校发展负责、对教师的成长负责、对学生的未来负责的精神，规范学校办学，加强学校管理，强化服务意识，率先垂范，多讲奉献，少讲回报，为广大师生带好头；开展"名中层"评选奖励活动，鼓励中层干部多做实事、少说空话，扎扎实实地推进各项工作。三是塑造教师队伍新形象。要不断完善教师职业道德规范和师德考核等管理制度，把师德师风考核作为教师奖惩、增资晋级、培训学习的重要依据，严禁有偿家教、体罚学生、从事第二职业等败坏教师形象的行为发生，维护教师良好形象。

6. 加快发展学前教育

抢抓第二期学前教育三年行动计划机遇，扎实推进投资600万元的新中心幼儿园建设，加强项目管理，加快施工进度，力争秋季开学后投入使用；加大学区园升级改造力度，年内完成雷家、前田两所学区园升级改造工作，进一步改善办园条件，扩大办园规模；充分发挥镇中心幼儿园的典型示范带动作用，广泛开展挂职培训、联谊帮扶等活动，提升学区园办园水平，提高办园质量；积极争取党委政府支持，加大非法民办园整治力度，坚决取缔非法办园，鼓励举办合法民办园，让学前教育走上健康发展之路。

三、几点建议

1. 加大对困难乡镇的扶持力度

当前，水落坡镇财政困难，教育投入相对不足，中心幼儿园工程和标准化学校建设任务艰巨，部分小学微机室、图书室、实验室和音体美器材配备离素质教育的要求还有很大差距，影响了学生的全面发展；学区幼儿园设施设备陈旧，发展缓慢，亟待更新，投入不足成为制约水落坡教育发展的最大瓶颈。希望县局一如既往地对水落坡教育工作给予关心和支持，加大政策倾斜、资金扶持力度，进一步改善水落坡办学条件，促进全县教育事业均衡发展。

2. 尽快实施绩效工资

现在的工资结构以教师职称高低来定，不仅不能真正调动广大教师的积极性，大部分教师因职称原因收入差距过大，严重影响了正常教学工作，特别是职称到头没有晋升要求的和没有晋升职称希望的，后遗症一大堆，教师工作效率低下、得过且过、出工不出力，甚至无病呻吟、小病大养等。

利用事业单位要普调工资的契机，水落坡镇中心学校可以把普调工资拿出来，抓紧落实奖励性绩效工资。对坚守教学一线、课时量多、教学成绩优秀的教师，大张旗鼓地奖励工资，对工作应付、得过且过、三天打鱼两天晒网的教师，少发或不发奖励工资，通过奖优罚劣，彻底改变"干与不干一个样、干多干少一个样、干好干坏一个样"的问题。要形成制度坚持下来，全县所有教师如果离开教学一线，在本校或县内其他学校寻个相对清闲的位置，工资待遇马上就会受到影响，鼓励多干事、实干事、干"好"事。

3. 中层干部纳入班主任序列

在学校管理中，中层干部承担了大部分工作。中层干部也是人，付出多、回报少，时间长了也存在心理失衡问题。在失衡心理的驱使下，工作效率低下，学校管理没有特色，建议学习青岛开发区做法，将学校中层干部纳入班主任序列管理，晋职晋级予以适当照顾，并给予一定的经济报酬，按月发放，从根本上解决学校无人多管事、无人多干事的问题。

4. 建立科学的教师补充机制

为解决农村学校一线教师短缺问题，每年不仅要按照退休教师人数，更要考虑实际教学班数，为农村中小学招考年轻教师，确保学校正常运转。在核定教师编制时，一定要充分考虑农村小学区域广、生源分散、教学点较多等特点，对农村小学和教学点人员的编制单独核算并适当增加。农村小学、教学点由于交通更不便、条件更艰苦，有些教师会离职，建议招考教师可以定乡镇招聘，有必要的话针对具体学校定岗招聘，让最能接受相应待遇的教师获得岗位。同时，要坚决禁止农村教师随意借调，保证农村学校教学编制的基本需求。

为鼓励年轻教师到农村学校工作，建议：一是要建立新毕业生到农村学校任教实习机制，实习满一到两年后，才能有报考正式教师的资格。这样做既可调动新毕业生到农村任教的积极性，也为他们提供了努力实践、积极任教的平台，同时减轻了财政的负担；二是为稳定教师队伍，在农村一线工作的年轻教师，要建立轮换机制，允许他们报考县直学校，给他们创造个人发展的机会。建议参加工作3至5年后，年轻教师可以报考，以保证学校工作的连续性和稳定性。

5. 强力清理非法民办园

当前，非法民办园成为乡镇学前教育发展的最大顽疾，仅仅依靠乡镇力量已很难从根上清理。建议：一方面采取多种方法加强公办园管理，探索为非公办幼儿教师购买养老保险，留住优秀教师，提升办园水平。另一方面由县委县政府牵头，成立由公安、物价、食药监、教育等部门参与的非法民办园清理整顿机构，对不符合办园要求，未经审批私自创立的幼儿园，发现一处，取缔一处，并形成长效机制，防止死灰复燃，让农村的孩子接受科学的学前教育。

当然，面对经济社会发展的新形势，要实现水落坡教育全面发展，还有很长的一段路要走。我们必须立足新起点、瞄准新目标、把握新要求、采取新办法，促进全镇教育事业在新一轮激烈竞争中抢占先机、赢得主动、提升位次，有志者只有勇往直前，没有退路可言！

学校管理要处好五种关系

学校是多因素的集合体，在学校实行校长负责制的今天，学校能否办出特色、办出水平，出名师、育英才，校长的管理思想与管理行为起着至关重要的作用，那么，校长如何管理好学校呢？笔者认为应该处理好以下五个关系。

一、管理与服务的关系

校长是学校管理的主导人、决策者，从某个角度来讲，校长的管理层次直接关系到全校教师的专业发展，决定了学校的育人层次与学校的品牌形象。苏联著名教育家苏霍姆林斯基说过："有怎样的校长，就有怎样的学校。"因此，校长明确自己的角色，履行好自己的岗位职责，显得尤为重要。一般而言，校长应同时着力扮演好两个角色：管理者、服务员。

学校管理的最高境界是文化性治校，校长作为学校的最高管理者、领航人，必须增强己身的专业影响力和人格魅力，立足本位，立足于学校的长远发展，运用自己的管理策略，从浅层次经验式管理向科学高效的文化性管理转变，繁荣校园文化，引领学校各方面的和谐健康发展，打造精品教育管理品牌。

实现这一目标的前提是必须坚定一种理念，蕴含一种责任情怀——领导就是服务，众多名校成功的管理经验都少不了这一点。人大附中刘彭芝校长就一直把自己比喻为"领跑人兼服务员"，率先垂范，敢"管"善"奖"，科学引领，服务于人，带出了一支素质高、能力强、品德好的专业化教师队伍,从而成就了人大附中。但在实际工作中,受官本位思想影响,有些校长常常是扮演"领导者"这一角色时演得还不错,但对于"服务员"这一角色意识却比较差,结果是"起舞弄清影",期望"终虚化"。

其实服务很简单,就是关心,校长走近师生,用尊重去赢得尊重,用心灵去赢得心灵,了解所需,量体裁衣,分层管理,激发工作热情。当校长切实把自己放在服务的位置,有了爱的智慧,也有了爱的言行,就会赢得管理的主动,就会赢得教师的信任和感动、激情与奉献。管理是形式,服务是内容,二者不能割裂。正确处理管理与服务的关系,寓管理于服务之中,才是校长治校之道。

二、教师发展与学生成长的关系

国家的教育方针是倡导教育家办学,这必然促使新时期的校长应牢固树立"以人为本"的管理理念。"以人为本"是教育的最高原则,其具体包含两个层面的意思:第一个层面:教师与学生之间,必须以学生为本,教师关注不同学生的生命成长,因材施教。第二个层面:校长与教师之间,以教师为本,校长竭尽全力为每一位教师的发展搭建广阔舞台。

显然,校长、教师、学生三者之间存在着三段推理的逻辑关系,校长发展教师,教师发展学生。教师是发展链条中的关键,只有教师的发展才能获得学生的发展、学校的发展。《国家中长期教育改革和发展规划纲要(2010—2020年)》指出:"教育大计,教师为本。有好的教师,才有好的教育。"所谓"名师出高徒"、名师誉名校,说得也是这个意思。

好教师怎么来?靠外出培训、靠校本培养。这既需要发挥教师追求事业成功的主观能动性,更需要我们的校长高瞻远瞩增强责任感、使命感,为教师发展提供必要的条件。现实中某些校长缺乏长远与大局意识,漠视教师的学习培训与发展提高,挂在嘴边的一方面是教师不思进取,一方面却是资金紧、课程紧,长此以往,教师的教学理念与行为就会越来越合不上素质教育的节拍,必然出现"老牛拉破车,硬凭功夫磨"的局面,势必影响教学效益。学校的核心竞争力取决于教师,如果一个学校没有一支师德高尚、业务精湛、持续发展的教师队伍，就不是一所有生命力的学校。

学校可以没有大楼，但不能没有大师。所以，教师与学生的发展，校长要同抓共管，形成良性循环。

三、教学工作和其他工作的关系

学校工作是个系统工程。作为培养人的地方，学校工作的中心应该是教育教学，这是实现教育目的、培养合格人才的主要途径，但是教育教学却不是学校仅有的工作，此外还有科研、课外教育、安全、财务与教师管理等工作，他们服务于教育教学，从属于这一基本职责。在学校中，教学工作能得以顺利地进行，需要多方面、多环节的默契配合。教学与学校其他工作亦如一个物体的各个方面，理应正确认识、处理好彼此的关系。受固有应试教育观念的影响，学校工作中常常出现狭隘的教学中心观念，一定程度上制约了素质教育的全面实施。

首先，学校应该严格按要求开齐开好应开设的三级课程，确保国家教育方针的贯彻实施。为满足不同学生的需要，学校还要开展丰富多彩的社会实践活动，成立学生社团，让学生去选择、去参与、去体验，让他们去享受课外活动的喜悦，感悟团体竞技精神的伟大与创新实践的魅力。

其次，夯实教育、教学的关系，促进学生的全面发展。德育与教学是学校工作的两大部分，彼此渗透、相互促进、共同发展。没有较好的德育工作基础，学生不知学习的意义，学习就没有动力，也就不可能真正提高学习质量。反之，没有坚实的教学工作，德育也会失去根基。只有夯实二者关系，学校才能促进学生的全面发展。

学校的发展必须适应社会的需要，校长在管理学校中务必全面贯彻党的教育方针，协调好教学和其他各项工作的关系，为学生德、智、体诸方面都得到发展提供坚强保证。

四、英雄个人与英雄团队的关系

在学校，有的教师业务能力非常突出，但却不一定是一位校长的合理人选。作为一名校长，其本身业务能力并不是第一位的，更关键的品格是兼容并蓄，海纳百川。学校工作不能只是校长一个人干的，只有"英雄个人"不会成就一所学校，有了"英雄团队"才能使学校取得长足发展。那么，校长如何培养"英雄团队"并领导好学校工作呢？必须注意以下几点：

一要胸襟开阔、胸怀坦荡。校长既要容纳别人的长处，也要容纳别人的不足，教师的优点要宣扬，不足要多交流与沟通。

二要冲锋在前、享乐在后。所谓"后其身而身先，外其身而身存"，在利益面前校长要把自己放在所有教师的后面，反而会首先得到利益——学校的发展与成功，反而会总能享受到作为一名校长的成功。

三要关注个体差异、发挥教师优势。加强教师自身发展愿景与学校发展目标的联系，使每位教师愉快地工作、体面地生活。"兵随将转，无不可用之人""智者取其谋，愚者取其力，勇者取其威，怯者取其慎"。不同的人都有不同的长处，校长要知人善任，人尽其才，才尽其用，使人人都成为学校发展的主角。

"一枝独秀不为美，万紫千红才是春"，在大力推进素质教育、在以学校为单位进行教育改革的今天，校长必须增强校本化领导责任意识，在做好个人领导工作的同时，做好领导学校工作，培育学校拼搏进取的团队精神，让各类人才凝心聚力在学校管理中各显神通、各展其能。

五、发现问题和解决问题的关系

一所学校，不管是城镇学校还是农村学校，是中小学校还是高等院校，都有自己成功的做法，都有值得骄傲的地方。但是，任何学校也都存在需要解决的新旧问题。有一句很经典的话：教育"最大的问题是没有问题"。没有了问题也就没有了工作的动力和激情。学校管理中不是没有问题，而是缺少发现问题的慧眼。

学校靠什么发展，就是靠发现问题，解决问题。

发现问题是解决问题的前提和基础。校长要善于发现问题，首先要提高认识问题的水平，要学会"眼观六路，耳听八方"。其次，要树立求真务实的工作作风，多走走，多看看，多调研，多论证，切实把问题发生的原因搞清楚。

发现不了问题是问题，发现了问题不去解决或解决不了还是问题。因此，发现了问题，校长要及时想办法解决。古人云："千里之堤，溃于蚁穴。"校长只有不吝啬平时浪费在预防及解决小问题上的资源，才能换来学校长期稳定的发展，否则如蔡桓公病入膏肓就为时已晚。

校长在管理中的问题常包含在以下几个方面：办学质量、学生管理、教师素质、教育教学、安全管理等，可以说存在于各个环节。这些方面问题的存在是客观的，问题的发现却是主观的。校长应居安思危、未雨绸缪、辩证思考，把发现、解决问题当成一种发展的机遇，在发现、解决问题中实现学校的新发展、新跨越。

人民教育家陶行知先生说："国家把整个的学校交给了你，要你用整个的心去做整个的校长。"珍惜校长这个平凡而又特殊的岗位，更新观念，超前谋划，创新处理学校管理中的各种关系，把自己所领导的学校办大、办强、办优、办成名校，并最终形成历久弥新的学校特有管理文化，这才是一个有作为校长的精神追求。

教师轮岗助力乡村教育发展的几点思考

2015年4月1日，中央深化改革领导小组审议通过了《乡村教师支持计划（2015—2020年）》。计划要求把乡村教师队伍建设摆在优先发展的战略位置，多措并举，定向施策，精准发力，明显缩小城乡师资水平差距，让每个乡村孩子都能接受公平、有质量的教育。计划的出台为乡村教育的五年发展做了清晰的导向要求，其中，明确提出"推动城镇优秀教师向乡村校流动"，对于带动和促进农村教师队伍整体水平提高、提升农村教育教学水平有着重要的意义。笔者在为该措施鼓掌的同时，也看到要真正实施好还需要破解五个关节点。

一、用人体制关节点

现行的教师管理体制大多是"校管校用"，某教师轮岗到其他学校工作而其人事关系仍在原学校，轮岗交流结束后还要回到原校，也就是说城镇教师的人事关系永远在城镇，乡村教师的关系永远在乡村。为破解这一难题，计划提出全面推进义务教育教师队伍"县管校聘"管理体制改革，为组织城市教师到乡村学校任教提供了制度保障。体制改革了，应该说城镇教师轮岗到乡村顺理成章了，但问题是具体的轮岗措施如何实现政策的初衷，换言之，城镇的教师到乡村学校轮岗，到底能在乡村学校工作多长时间，是一年还是二年还是终生？体制的改革在保证城镇优秀人才能到乡村学校去的同时，还应能保证在乡村学校留得久。

二、逆向流动关节点

　　教师轮岗应遵循有利于农村薄弱学校发展的原则，尽量让城镇优秀教师到农村学校任教。但随着现代城市步伐的加快，城镇学校逐年扩大，需要的教师数量也逐年增多，有些教育主管部门却利用"县管校聘"的政策，把农村学校的骨干教师借调到城镇学校去任教，不仅没能达到促进农村学校发展的目的，反而加剧了城乡教育资源的失衡。针对这一情况，教育主管部门对全县的师资配备要有一个明确的规划方案，方案要优先照顾到乡村学校的教师需求，同时，对乡村学校教师向城镇学校流动做出必要的限制。

三、教师成长关节点

　　教师轮岗的目的是实现教师城乡教育资源的均衡化。但我们仅仅满足城乡均衡的目的是不够的，因为我们实行多项措施的目标是促进乡村学校更好的发展，而要实现这一目标的根本在于教师的发展。所以，教师轮岗应该是用优秀教师来带动学校的发展，从而提高整个教师队伍的素质。

　　教育主管部门在重视"县管校聘"这一人事制度改革的同时，应认真考虑好乡村教师成长和发展的方案，而不应只是单纯的职称、待遇、荣誉等向农村教师简单倾斜；要关注乡村教师的职业规划、师德建设、素质提升等教师专业技能的提高工程，为乡村学校的教师提供更多的成长机会，让农村教师在教书育人的过程中更好地实现自己的人生价值，感受到职业的成就感、光荣感，从而促进更多的优秀教师自觉地向乡村学校流动。

四、乡村教师待遇关节点

　　农村留不住教师特别是优秀教师的原因之一，就是农村生活条件相对艰苦，待遇差，所以很多农村的骨干教师想方设法向城镇调动，逃离农村学校。在这种情况下，想让城镇优秀教师向农村流动，那就变得尤为困难了。

　　在此次颁布的乡村教师支持计划中明确提出了要提高乡村教师生活待遇这一措施。这让人感到欣慰的同时，也产生了一丝疑虑：乡村教师待遇提高的程度如何？在城镇学校工作的教师无论是工作条件、生活条件还是子女接受教育条件，都要远远好于农村，让他们放弃这些优越条件到农村学校任教，在经济利益上没有较大程度的提升是很难实现的。换句话说，在农村教师和城镇教师平均工资水平相当甚至略高于城镇教师平均工资的情况下，也很难实现城镇教师主动地向农村学校的流动。基于这一点，乡村教师待遇要有较大的提高，形成明显优势，这样才能吸引城镇学校的优秀教师落户农村学校。

五、人情关系关节点

"县管校聘"让广大教师在何校任教有了较多自由的选择余地，各校为了本校的发展，势必动用多种力量让优秀的教师到本校来上课，这样就很难保证县域内各校师资力量的均衡。拿笔者所在乡镇为例，全镇372名教师，借调出去的就有37名，其中，副高级教师就占到6名，而这37名教师中，80%借调到了县直学校，而且是在没有任何操作制度的情况下的借调，人情关系占了主导。如此看来，在教师轮岗的操作中，具体的实施方案一定要完善，要能够规避这种人情关系的干扰。

好的政策还要配套好的措施才能实现。教师轮岗要想让城镇学校教师到乡村学校任教实现"下得去""留得住""干得好"，教育主管部门还应结合当地实际，拿出切实可行的执行方案，这样才能让乡村教师支持计划开花、结果。

做一个"故事"校长

转眼间，做校长快6年了，面对教师管理新常态，我不断尝试"故事"管理，取得了点滴成效。我相信：一个优秀的校长，一定是一个擅长讲故事的人，用动人的故事打动人，远远胜于用大道理教化人、用规章制度约束人。

2015年初春，在山东省滨州市阳信县水落坡镇中青年教师专业成长暨思想引领会议上，我与教师们分享了《三个泥瓦匠的故事》。一天，有人问三个正在砌墙的泥瓦匠，说："你们在干什么？"第一个人没好气地说，"你没看到？在砌墙。"第二个人心平气和地说："我们正在建一座高楼。"第三个人喜气洋洋地说："我们正在建设美好生活。"10年过去了，第一个人仍在砌墙，作泥瓦匠，第二个人成了一位工程师，而第三个人成了两个人的老板。三个泥瓦匠同样都在干一件重复、单调的工作，三个人持有三种态度。这三种不同的态度促成了三种不同的结果，成就了三种不同的人生。教师每天备课、上课、批改作业、辅导学生、参加教研活动等，每天重复相同的工作，如果不能从内心认识到教育的价值和意义，不能感受到教育的幸福和快乐，不能用发展的眼光去创新教育，那么一辈子也就是一名普通教师。简单的故事让教师们明白了做教师不能只作教书匠，更要争当教育家；不能只停留在默默耕耘、教书育人的层面，更应当充满职业幸福感和教育激情，有着远大的教育理想。

为了加速全镇教师的专业成长，引领教师多读书、读好书，我们启动了"营造书香校园，同做读书达人"读书工程。在读书活动启动仪式上，我与教师们分享了《磨刀不误砍柴工》的故事：有一位伐木工人，工作十分卖力。第一天，他砍了18棵树，老板表扬了他。第二天，他干得更加起劲，但是只砍了15棵，老板还是表扬了他。第三天，他加倍努力，结果却仅仅砍了12棵。这位伐木工人觉得很惭愧，跑到老板那儿道歉，说自己力气好像越来越小了。老板问他："你上一次是什么时候磨斧子的？""磨斧子？"工人很诧异地说："我天天忙着砍树，哪里有工夫磨斧子！""磨刀不误砍柴工。"只砍树，而不磨刀或者顾不得磨刀，即使你有一身的蛮劲，效率也会越来越低。其实，教育也是这样。教师也应该在每天的重复工作中，静下心来想一想："我们多长时间没有'磨斧子'了？"教学不能只依赖过去的经验，应该汲取新鲜的营养，充实现代教育理论。教师们从中深受启发，积极主动地读书学习，从书本中猎取知识，丰实了文化底蕴，夯实了教学根基，演绎出了不一样的教育风采。

我镇现有10所小学，比较分散，学区小学年轻教师较少。为进一步提高青年教师的业务能力，提高学区小学教科研活动的"实效性"，我们实施了"水落坡好老师"选培工程，为中青年教师搭建平台，助推他们的成长步伐，努力培养"四有好老师"。在活动中，我与教师们分享了《梦中的大餐》：有一个人做了一个梦，梦中他来到一间二层楼的屋子。进到第一层楼时，发现一张长长的大桌子，桌旁都坐着人，而桌子上摆满了丰盛的佳肴，可是没有一个人能吃得到，因为大家的手臂受到魔法师诅咒，全都变成直的，手肘不能弯曲，而桌上的美食，夹不到口中，所以个个愁苦满面。但是他听到楼上却充满了欢愉的笑声，他好奇地上楼一看，同样的也有一群人，手肘也是不能弯曲，但是大家却吃得兴高采烈。原来每个人的手臂虽然不能弯曲，但是因为对面的人彼此协助，互相帮助夹菜喂食，结果大家吃得很尽兴。选培工程5个团队的成员深深懂得了"没有完美的个人，只有完美的团队"这个道理，没有一个人可以不依靠别人而独立生活，当今本就是一个需要互相扶持的社会。5位导师带领着他们的学员，相互合作，相互帮助，取长补短，共同提高，在"水落坡好老师"的成长路上大步前行。

故事可以启迪人的智慧，震撼人的心灵。我会一如既往地坚持下去，争取做一个"故事"校长，用故事影响教师，激发他们的热情与梦想，助力他们的专业成长，引领他们创造属于自己的传奇故事。

让农村孩子笑得更灿烂

水落坡镇位于阳信县东南部，小开河、滨阳路横穿全境，地理位置优越，交通、水利条件便利，人杰地灵。全镇有2所初级中学，1所中心小学，10所学区小学，11所幼儿园，在校学生和幼儿5600余人，在岗教职工300余人。近几年来，水落坡镇中心学校一班人带领全镇广大教职工扎实工作，努力创新，连续五年在全县教育工作综合督导评估中位居上游，教育工作在总体上走在了全县前列。

一、投入篇：科学规划、加大投入，学校面貌焕然一新

水落坡镇中心学校充分利用政策，积极争取上级支持，近三年投入近100万元新建、改扩建学区幼儿园5所，总投资600万元新建镇中心幼儿园教学楼，生活在水落坡的农村孩子随着办园水平的提高也将享受到城市化的幼儿教育。

为解决水落坡镇中学和中心小学的硬化、美化和亮化问题，镇中心学校投资100万元完成了对学校新教学楼前后、学校主路两侧实施了硬化、绿化、美化和亮化工程，学校面目焕然一新，有效解决了晴天尘土飞扬、雨天走廊泥塘、日落校园漆黑的窘状。

　　水落坡镇由原来的水落坡乡和雷家乡合并而来，原雷家乡片教育投入明显不足，特别是雷家小学校舍陈旧、雷家中学校舍严重不足。镇中心学校科学谋划，积极争取，现已确定将两所学校合并为九年一贯制，投资880万元新建雷家学校，已完成了土方工程和桩基工程，正在办理招投标手续。项目完工后将大大提升雷家片的办学水平，大大改善孩子们的学习环境。

二、队伍篇：创新思路、科学引领，教师素质大大提升

　　组织李红岩思想引领专家报告会，为乡镇教师上好开学第一课。镇中心学校聘请了在全市乃至全省都有一定影响力的博兴县教研室李红岩老师，在开学初围绕"立德树人、立教圆梦，争做有追求的老师"这一主题，结合自身的实践和感悟，解读了为什么要做一名有追求的老师，以及怎样做一名有追求的老师。在报告会上，年近60岁的教师代表讲述了自己的教育经历，并代表广大老教师发出倡议：要用"爱与责任"诠释老师这一称号，共圆"立德树人、立教圆梦"的梦想。会后，全体与会人员在"立德树人、立教圆梦，争做有追求的老师"的横幅上签名。专家引领、现身说法、现场签名，水落坡的教师和学生一样也享受到了开学第一课的精神大餐。

实施"水落坡好老师"选培工程，为中青年教师成长搭建平台。选培工程采取"导师制"，聘请县教研室和县域内名校的领导和名师为专家指导顾问，聘任本镇优秀教师、市县教学能手为团队导师，经过导师、学员双向选聘，通过走出去、请进来、岗位练兵、展演评比、培优推优等形式，对全镇53名中青年教师开展选拔培养。选培工程实施以来，导师团竞相比拼、积极活动、比学赶超，效果明显。

开展"情暖夕阳红"活动，为老教师荣归故里留下一份记忆。镇中心学校通过召开"夕阳红"老教师恳谈会、联谊会，组织老教师开展重阳节纪念活动和参与学校体育节、艺术节活动，向退休老教师颁发光荣退休"夕阳红"匾，邀请新闻媒体报道宣传退休老教师事迹，欢送退休老教师荣归故里，使老教师们切实感受到集体的温暖和家的温馨。

启动"营造书香校园，同做读书达人"读书活动，为干部教师专业成长强筋壮骨。春节期间，镇中心学校开展了"同读一本书"活动，为教师们购买了书籍《高效能人士的七个习惯》，广大干部教师认真阅读，仔细品味，写出心得。镇中心学校组织评比活动，对优秀心得进行表彰奖励。在以后的读书活动中，镇中心学校则通过故事引领、举办读书交流会、撰写心得、开展读书征文等活动，让教师们抒写读书后的所思、所想、所感，在潜移默化中改变了教师们的观念，形成了创先争优、争先进位的共识。

组织班主任论坛和校长论坛，凝聚干部教师智慧。镇中心学校先后组织开展了班主任论坛和校长论坛，大家各抒己见，道出了班级和学校管理中的先进经验，说出了心中的困惑，谈出了自己的想法，为班级和学校管理积累了经验，碰撞出了创新的火花。

开展"三讲三爱"征文，为广大教师师德提升助力。镇中心学校通过开展"三讲三爱"征文，择优出版第二期师德读本的形式，宣扬先进典型，带动、影响广大教师树立崇高师德，争做人民满意的教师。

三、质量篇：改革创新、科研兴教，教育质量连年攀高

继续开展教学创新行动，特别是课堂教学创新行动。镇中心学校扎实开展教学教研、优质课评选、"教学开放日"、教学技能比赛、科技创新大赛、送课到校等活动，2014年，水落坡镇中心学校和雷家中学获"课堂教学改革优秀学校"荣誉称号。镇中心学校进一步加强连片教研活动，实施课题

带动策略，组织参加各级各类教学教研活动，教学教研成果收效颇丰。在第七批县教学能手评选活动中，有7名教师获奖；在市县学科带头人复评中有11人顺利通过；10项县级课题立项、结题；有28人次在市县优质课、观摩课、电教课、说课大赛中获奖；31人次在市县基本功比赛、经典诵读、读书征文比赛中获奖；62人次在教学设计、指导学生、发表论文、教具制作等比赛中获国家、省、市、县奖励；2014年省远程研修有2人获省优秀管理员称号，4人获省优秀研修组长称号，44人获优秀学员称号，水落坡镇中心小学和中心园获得省先进单位。镇中心学校编辑出版了《教研之花开满坡》成果汇编，发放全镇所有学校，借以表彰先进，鞭策后进。

四、特色篇：内涵提升、文化引领，学校特色亮点纷呈

镇中心学校立足"内涵提升，质量提高，整体推进，特色突破"的教育发展思路，加强学校特色建设、校园文化建设，引导学校内涵发展，不断提升办学品位。各学校深入挖掘优势项目，积极打造文化品牌，构建起了富有各校特色的素质教育模式。镇中心小学的"全人教育"模式、雷家中学的"刻纸及手工制作"研究、长庄小学的国学经典和爱国主义教育模式、王马小学的民族戏曲传唱、皮店小学的器乐才艺培养、雷家小学的骨干教师培养、大孙小学的"书香校园"建设等，全镇初步形成了"一校一品牌，校校有特色"的良好局面。

水落坡镇作为全县规模较大的乡镇之一，也是全县闻名的体育强镇。全镇中小学严格落实课程方案，开足、开齐音体美课程，切实保障学生每天体育锻炼一小时，促进学生全面、健康成长。

镇中心学校组织镇级田径运动会、越野赛和教工趣味运动会，积极参加县教体局组织的各项比赛，并取得了骄人的成绩：在2014年的体育联赛中，水落坡镇中学的甲组和乙组在田径联赛中双双夺冠，取得了田径联赛的四连冠，小学代表队喜得小学甲组田径联赛第三名；在排球联赛中，雷家中学、水落坡镇中学分获男子组冠亚军，女子组的第三名和第六名；在篮球联赛中，小学女子组获全县冠军，男子组名列第五名，水落坡镇中学取得初中女子组第五名；在羽毛球联赛中，水落坡镇中学获得男子第五名，雷家中学名列初中女子组第六名。在2015年春季的各类球类联赛中，水落坡镇中学的男女代表队力挫群雄，双双夺取第三届中学生足球联赛的冠军；水落坡镇小学代表队夺得乒乓球比赛小学组第六名，同时获体育道德风尚奖；水落坡镇中学在篮球比赛中获女子组第四名，同时获优秀组织奖。

由于运动员的出色表现，县教体局将市18届运动会的部分足球、排球和田径项目分解到水落坡镇，并寄予厚望；同时，水落坡镇也代表阳信县承担了2015年市七大联赛足球项目初中男队、初中女队、小学男子甲组、小学男子乙组、小学女子乙组五个组别的参赛任务。

勇立潮头敢为先，乘风破浪正当时。现在的水落坡镇中心学校与时俱进，开拓创新，办好人民满意的教育，让农村孩子笑得更灿烂！

匠心强管理　爱心促发展

——做好班主任工作的几点尝试

班主任是班级工作的舵手，其工作水平的高低直接影响着素质教育目标能否实现。笔者所在的学校是一所回民中学，由于受当地弃学经商风气的影响，回民学生失去学习兴趣，一切以自我为中心，家长说不听，老师讲不进，但他们同样对生活充满好奇，对友情充满期待，他们渴望获得理解，更渴望自己的才华得到老师和同学们的认可。因此，笔者在从事班主任工作时，尽可能地创造机会和条件，让学生成为班级的主人，让他们体会到学习的乐趣。

"亲其师，信其道。"班主任只有放下"师道尊严"的架子，俯下身子做学生的朋友，学会倾听学生的心声，这样才能让学生走近你，从心理上接受你。

一、俯下身子，做学生的朋友

没有交流，就没有情感沟通，就没有感悟，就没有教育。一项调查显示，学生最喜欢与老师当面交谈。于是，我利用一切机会，尽可能多地与学生交谈，争取成为他们的朋友。给学生上课结束后，我不是夹着课本走人，而是留下一点时间与学生交谈。这样，学生可以向我请教没有弄懂的问题，也可以向我提出意见和建议。课外活动时，我主动加入学生中间，通过交流，我们的关系更融洽了，教学效果也得到了较大提升。

其次，明察秋毫，了解学生的特点。兵法中讲究"知己知彼，百战不殆"，在班级管理中，也要对每个学生知根知底，这样才能"对症下药"，找到班级管理与学生发展的最佳结合点。了解学生的方法很多，我从前辈专家那里学到了两点，一要善于做有心人。不论是上学上课，还是放学辅导，教师都要对学生多看一眼，从他们的眼神、表情中获取很多信息。二要全方位了解学生，通过周记、便条、班级论坛、电子邮箱等，多渠道建立师生沟通的平台，给那些不善言谈的学生创造条件，让他们有机会与老师交流，向老师敞开心扉，展现自我。

二、慧眼识才，发挥学生的特长

"千里马常有，而伯乐不常有。"教师就要做伯乐，做善于发现学生优点的新时期伯乐。上学期刚开学的时候，在班级大扫除时我发现一个男生虽默默无闻，但能主动、精细地打扫每一个角落，我们就选他做劳动委员，以后凡是劳动上的事都由他和卫生小组长负责，他各项工作都做得井井有条，件件出色。这样，让学生参与到班集体的建设与管理中，调动了他们的积极性和主动性，增强了他们的主人翁意识，逐步培养了学生适应社会生活的能力。

三、不断创新，丰富管理方式

随着教育的发展，班主任工作也遇到了新的挑战，以思想抓学生、以成绩论英雄、严师出高徒的理念已难以适应新形势的发展，创新班级管理模式无疑是大势所趋。为此，我做了以下尝试：

1.送去生日祝福和掌声

在学生过生日的那天，由音乐课代表主持，大家一起给他（她）唱生日歌，让他（她）感受来自同学的祝福，这虽是微不足道的小事，却最能体现"家"的温馨。

2.组建班级图书角

学校的图书室虽然能满足学生一定的阅读需要，但毕竟是农村中学，每周一节阅读课远远满足不了学生日常读书的渴望。我鼓励学生组建自己的图书角，由学生自愿献书，集中到一起构建了一个小小的图书角，并制定了班级图书管理（借阅）细则，学期期末将图书全部返还学生。现在已有藏书200余本。图书角大大丰富了学生的课余生活，也使学生更加热爱我们的"家"了。

3. 创办《萌芽报》

班级凝聚力正如学生的语文素养一样，不是一时一事养成的，而是潜移默化积累的。我们班在学校历史上首次创办了班级刊物——"萌芽报"，以语文小组为单位组织编写，写稿、编辑、排版全部由学生负责，内容包括学生的作文、爱好、名言警句、对班级最想说的话等，一年下来，学生的写作、编辑、合作能力都得到了积极锻炼，班级凝聚力也得到了显著提升。

实践使我认识到，一名班主任要想带好班，只有了解学生，发挥学生的特长，创新方式方法，才能做好班主任工作，使学生在快乐的氛围中寻求发展，在发展的进程中享受快乐！

参考文献

[1] 南京师范大学教育系.教育学 [M].北京：人民教育出版社，1984.

[2] 谭顶良.高等教育心理学 [M].南京：河海大学出版社，2002.

[3] 张延权.21世纪班主任工作案例 [M].杭州：杭州出版社，2001.

[4] 林冬桂.班级教育的理论与方法 [M].上海：上海教育出版社，2000.

职称改革如何让广大农村教师受益

2015年8月26日，李克强总理主持召开国务院常务会议，决定全面推开中小学教师职称制度改革。8月28日，人力资源社会保障部和教育部联合下发了《关于深化中小学教师职称制度改革的指导意见》。这是事关教师待遇、涉及教育未来的一件大事。

广大中小学教师对此期盼已久，特别是农村中小学教师，更是渴望通过职称改革增加收入，提高社会地位与家人的幸福指数。但透过本次推开的中小学教师职称改革内容，笔者认为，要想为广大农村中小学教师带来更大实惠，还有一段路要走。

一、增加职评数量，让职称"天花板"遥望可即

本次职称改革增设了正高，被媒体及专家称为"捅破'天花板'"，将有益于提高中小学教师公众形象中的专业品味。但是，对于农村中小学教师来说，由于职称的名额分配及晋升条件等因素限制，晋升中级职称尚且不易，副高更是困难，那么正高这块"天花板"则是可望而不可即。据了解，2012年以来，笔者所在县仅有县城1名高中教师晋升了正高，其他教师现阶段恐怕只是欣欣羡慕而已。

以笔者所在乡镇来说，2015年年初全镇共有教师372人，其中初级教师155人，中级教师173人，副高仅29人，占7.8%。在9月份的职称评审中，全镇中小学仅分到副高职称指标2个（虚指标），中级指标则为0。众多中老年农村教师在晋升职称的十字路口，实际上已经是望而却步了。改革的目的是为

了更好，但现在职称名额越改越少，正如教师们所说："不改还有盼头，改了就死心了！"副高都没希望，设立正高职称的决定对教师们来说，如同水中月、镜中花。

鉴于这种情况，寄希望职称改革向农村中小学教师大力倾斜，首先要做的就是增加中级和副高级指标的数量，让广大教师真正享受到职称改革带来的红利。

二、移岗挪编，还农村学校职称名额分配指标

由于农村学校条件差，许多优秀教师采用各种方式借调到城市学校或其他单位工作，但其编制仍留在原单位，占用着原学校的职称名额，从而导致原学校职称名额分得少或直接分不到。仍然拿笔者所在乡镇为例，在372名教师中，借调出的教师就有37名，其中中级教师9名，占全镇中级教师的比例为5.2%；副高级教师6名，占全镇副高职称教师比例21%。农村学校生活苦、条件差，受苦受累不说，到头来还得不到晋升职称，这种状况直接损害了农村教师的切身利益，影响了教师们干事创业的热情。巧妇难为无米之炊，毕竟有再高的精神境界也解决不了赡养老人、抚育子女等现实问题。

基于此，建议在职称名额分配时，把离开农村学校的那部分教师纳入借入单位的编制，或者不再占用原学校的职称名额，让坚守农村学校的教师获得应该晋升职称的机会。

三、完善职称评审机制，让职称评审公平、公正

为确保职称评审的公平公正，维护农村教师的利益，笔者有以下两点建议。

1. 异地委托评审

异地委托评审可以避免传统评审组织模式下的人情干扰，减少职称评审中的权力寻租环节，使评审结果更为客观公正。

2. 下放职称自主评审权

给予学校自主设定条件、自主评审职称的权力，引导学校结合自身实

际，分类研究设定职称评聘条件、自主组织评审过程，发挥激励与导向作用，当然也要避免拉帮结派。

四、出台具体可行的办法，切实让向农村教师倾斜的政策生根

本次职称改革一个亮点是向农村和边远地区教师倾斜，令这一群体教师看到了曙光。不过，办法中似乎没有具体规定如何向农村教师倾斜，倾斜到什么程度。这又让农村教师黯然。看来职称改革要想真正落到实处，还要看省、市乃至县出台详尽而具体的办法。

（1）在职称评审时，面对农村和城市教师，相同的条件，应优先晋升农村教师。而城市教师晋级特别是晋升副高、正高时要有农村支教经历。

（2）对于长期坚守在农村学校的一线教师，可规定在师德合格、能基本完成教育教学任务、工作达多少年后，可以自然晋升高一级的职称。这是因为在环境艰苦的农村学校工作的教师，高层次专业发展的机会少之又少，要取得和城市教师一样的成绩或得到像模像样的表彰而晋级，是很难的。

（3）提高农村教师的职称待遇。只要在农村任教的教师，相同职称待遇要高于城市任教的教师。可在农村教师工资结构中增加农村任教这一块，并逐年薪级提升。这在山东淄博等市做得就比较成功。

五、降低职称间工资差距，提高农村教师的工资水平与教育境界

现行的职称制度，不同级别职称待遇相差较大，拿笔者所在县来说，同一年毕业的两位教师，二级与一级教师，月工资相差近600元。这导致有些教师为改变自身待遇，工作疲于围绕晋升职称转，甚至忽略了教书育人的本职工作。一些因各种原因不能晋升职称的教师，也会因自己与身边的教师待遇差别太大而牢骚满腹。这种情况业已间接影响到了当下的年轻男教师到农村学区小学从教，学生的发展有女性化倾向。

针对此种情况，应弱化农村教师的职称待遇差别，提高农村教师的岗位待遇与工作积极性，引导广大教师回归教育本位，把心思转移到正常的教书

育人工作上来，也让更多的优秀教师到农村学校扎根发展奉献。

六、增加职评类别，为农村中小学教育干部开辟新径

农村中小学特别是学区小学，布局分散、规模小、年级全、师资少。但是还得既要有校长，又要有教务主任、德育主任等中层干部，否则，各类迎查、创建、组织活动等任务谁来承担？以笔者所在乡镇为例，近几年，学区小学基本没有青年教师进入，中层干部大都40岁以上，一个人忙成三个人，超负荷的工作让他们透支健康、身心疲惫。他们没有三头六臂，也不是"魏书生"，校长、教师一肩挑，到头来只能耽误学生的学习。

他们名义上是教育干部，但又没有等同于班主任的制度上的待遇保障，他们要晋升职称就会和一线教师的申报矛盾，势必出现挤占一线教师名额的现象。如果能增加职评类别，使教师、教育干部都能在晋级的路上各行其道就好了。

令人欣慰的是，为促使校长专业化、职业化，某些省份开始试点校长职级制，建立校长职级薪酬制度，这在一定程度上解决了校长晋级挤占一线教师名额现象。但是，在"校长"与"教师"的专业职务间，还需要建立可转换机制，确保来去自由顺畅，在"朝"集中管理，在"野"专心教书。

对于广大中层干部，他们能否像校长一样，走专业化道路，或者晋职晋级单独出台政策，充分考虑他们的管理工作量，让他们没有后顾之忧，这值得探讨。

在当今人类物质生活高度发达、精神生活极其多样的时代，职称改革越接地气，越能惠及广大教师，也就越能产生强大的正能量，越能以对人才评价的导向作用，激励广大农村教育工作者心无旁骛，专注于立德树人与课堂教学而干事创业，推进农村教育健康发展。

铸魂修德　筑梦育人

百年大计，教育为根本；教育发展，教师是关键；教师素质，师德最重要。师德是教师职业的灵魂，是立人之本、立校之本、立业之本，关系到国家的前途命运和中华民族的伟大复兴。教书育人，教书者必先学为人师，育人者必先行为世范。高尚的师德通过三尺讲台潜移默化地影响到一代人乃至几代人的成长。是否具有高尚的师德，是教师队伍建设成败最重要的衡量指标。

为师之道，首在师德。自古以来大凡被人们赞许的好老师没有一个不是师德楷模。也正是他们本身具有良好的师德表现，才培养出一个个在各个领域做出杰出贡献的弟子。下面我就如何提升教师师德素养，做新时期好老师，谈几点看法。

一、培养教师的民主情怀，让师爱充满教育的智慧

师爱是师德的核心，是教师最基本的道德素养。一名好老师要有仁爱之心。爱是教育的灵魂，没有爱就没有教育。先圣孔子在两千多年前就教诲我们：仁者爱人。鲁迅先生说："教育是植根于爱的。"苏霍姆林斯基说："如果你不爱学生，那么，你的教育从一开始就是失败的。"

应该说，绝大多数老师都是爱学生的，但老师真诚的爱心却未必科学、如愿。就以不按时下课为例，这样的教师肯定是爱学生，巴不得给学生多讲点知识，但这种爱，却是对学生课间休息权利的侵犯。因此，师爱必须注入科学、民主的内容。换句话说，真正爱学生的教师应该努力使自己成为一个

具有民主情怀的人。爱不等于民主，但民主一定包含着爱，因为民主就意味着对人性的尊重。爱学生、尊重学生，学生才会亲近老师、相信老师，愿意接受老师的教育，即所谓"亲其师，信其道"，进而"乐其道"。所以，今天我们谈教育的爱心，一定要强调，这种爱应该是民主的爱，而不是专制的爱，只有在民主的育人世界里，学生才能健康成长。

爱心必须蕴涵教育智慧。如果爱心不体现于日常教育中面对一个个具体难题所表现出来的智慧，这样的爱心是空洞的。人们常说，没有爱就没有教育，这当然是对的，因为真正的教育总是从爱出发，或者说爱是教育的起点和条件；但有了爱也不等于有了教育，因为表达这种爱需要智慧。面对学生，没有哪个教师敢说他会比孩子的父母更爱这个孩子，可是爱孩子的父母却不等于就懂得教育，他们还得把孩子送到学校。因为教育的爱必须通过教育智慧表达出来。如果抛开了教育智慧而空谈爱，是没有用的。习近平总书记在北京师范大学考察时强调："好老师要用爱培育爱、激发爱、传播爱""好老师还应该是智慧型的老师，具备学习、处世、生活、育人的智慧，能够在各个方面给学生以帮助和指导"。

可见教育绝不是"一爱了之"，"有爱"不等于"会爱"，而"会爱"才是一种教育智慧。教师职业的特殊性决定了教师要能爱、博爱和善爱，在各个方面给学生以帮助和指导。

二、增强教师立德树人的责任感，培养高雅的职业道德素养

教师的工作是塑造灵魂、塑造生命、塑造人的工作。《中共中央关于全面深化改革若干重大问题的决定》，强调了立德树人的重要性与紧迫性，进一步明确了学校的根本任务是育人。今天的学生就是明天的接班人，他们的道德如何、素质如何，直接关系到国家的前途和民族的命运。要完成立德树人的根本任务，作为行为世范的教师，必须加强教师职业道德修养，培养高雅情趣，使学生亲师信道，成人成才。

首先，学习和践行社会主义核心价值观。社会主义核心价值观是教师职业道德规范的精神支柱和基石。学校应引导教师积极学习有关教育法律法

规，用核心价值观武装自己的头脑，用自己的行动倡导社会主义核心价值观，坚持做到心系讲台、心无旁骛、严谨治学、博学多才。教师通过自身的作用，给学生以正确的引导和教育，发现和挖掘广大学生中蕴含的创造潜能，用自己的学识、阅历、经验点燃学生对真善美的向往，引领学生把握好人生的方向。

其次，弘扬师德典型，用真实的情境进行师德培训。榜样典型是人们眼中的好老师，如六十年如一日奉献教育的霍懋征，冒险救生的张丽莉，受表彰的"最美乡村教师"等，她们扎根教坛，有高尚的道德情操，不仅是学生道德修养的镜子，也应该是广大教师道德修养的楷模。一方面，学校要组织教师向先模学习看齐，取法乎上、见贤思齐，剖析典型案例，找出差距与不足，高标准定位教育理想，因人因地、分阶段、分目标，制定赶超举措，不断提高道德修养，提升人格品质，并把正确的道德观传授给学生。另一方面，学校要大力开展师德标兵评选活动，真正把那些大爱无言，大爱至上的优秀教师推向前台，以确立体现鲜明时代色彩的教师形象。

再次，在有效的实践活动载体中，提高业务水平。师德需要以工作能力与水平作保证。二者有着密不可分的联系：良好的职业道德要求教师具有高度的责任感，高度的责任感又必然要求教师具有较强的业务能力。刻苦钻研、努力创新，这正是良好师德的重要体现。若有情无能，又怎能做到教书育人，对学生未来负责？因此，学校要不断开展"教学改革领头人"评选、"读中外名著，做智慧教师""名师培养"等活动，以教师学识、能力的提升促进职业道德素养的提升，做到有源头活水、有教育教学的底气，永葆教育之爱的青春魅力。

三、优化师德考核制度，感悟爱业敬岗的成功喜悦

提高师德修养仅靠榜样示范和活动环境熏陶是不够的，还必须以完善的师德考核制度来约束和保障。

任何一种目标的达成都需要制度的约束和激励。无规矩不成方圆，尤其是社会道德面临挑战的今天，师德考核制度的健全完善与实施，显得尤为

重要。学校应该把师德作为教师评优评先、晋升职称、提拔重用的先决条件，必要的师德"一票否决制"，将在修师德、树形象中发挥至关重要的作用；要充分发挥教师的群体智慧，广泛听取教师的意见，将师德细化于实际工作之中，规范考核程序，完善奖惩机制；要让教师明白进行师德评价，是为了让教师自觉规范师德，不是教师被动地接受管理，更不是领导"霸权主义"，而是帮助教师不断修正、弥补个人师德缺失的过程，是帮助教师不断自我完善、自我教育，达到师德修养新境界的过程。

客观考核是外力作用，关键还是教师的自我修养。李镇西老师说过，为教育的一切付出，既不是来自上级的要求，也不是迫于生活的压力，而是源自内心良知的召唤，把学生视为上帝，为学生的一生负责，不能让教育带上庸俗的功利色彩。腹有诗书气自华，教师自我修养的陶冶需得在读书上下功夫。心灵要用精神食粮去涵养，教师只有常读书、多读书、读好书，以诗书育浩然之气，这样才能认识和相信道德之理，才能以饱满热情投身教育工作，感悟教师职业的幸福，感悟事业成功的喜悦。

只有爱业，才会思业、敬业，也才会乐业。教师的职业幸福感如果淡漠了，就不可能让他在教育工作中海人不倦，钻研业务，做出教育实绩。因此学校应引领教师增强在精神寄托方面育天下英才的自豪感，在人际沟通方面师生相处融洽和谐的亲切感。此外，学校要营造一种民主和谐、以人为本的工作环境，考虑教师的工作需要和生活需求，让每一位教师感觉到学校就是家，教育事业就是自己的人生价值所在；肯定教师的工作成果，看到并尊重教师身上的闪光点，激发教师的积极性与创造性，促使教师发扬"红烛精神"，甘当人梯，"捧着一颗心来，不带半根草去"，勤奋耕耘，无私奉献，由一个成功走向另一个新的成功。

师德建设只有起点，没有终点；师德修养只有更好，没有最好。我们愿与大家一起，风雨兼程，勇往直前，以德立身，筑梦育人，为师德教育增添新的辉煌，让每一位教师都成为党和人民满意的好老师。

第 二 辑

躬身实践，开拓创新

"立足校情、聚焦课堂——推进学校教育内涵发展的突出问题及对策研究"
课题研究总报告

　　"立足校情、聚焦课堂——推进学校教育内涵发展的突出问题及对策研究"这一课题自2012年9月开始着手前期调研、12月申请立项以来，至今已有一年多的研究时间。该项课题的研究在"探究中小学内涵发展的一般问题与对策"这一大的主题下，以"深化课堂教学改革和加强民族团结教育"为突破口进行课题研究。研究工作从前期调研、申请立项到开题、培训，经过集中研究和攻关阶段到课题总结和申请结题鉴定历时一年多，历经四个阶段。至今，该课题已基本实现了预期的研究目标，收到了预期的研究效果，对学校的教育教学工作起到了切实的指导和引领作用。

一、课题提出的背景

　　《国家中长期教育改革和发展规划纲要（2010—2020年）》确定我国未来十年教育事业发展的工作方针是"优先发展、育人为本、改革创新、促进公平、提高质量"。特别指出："把提高质量作为教育改革发展的核心任务。树立科学的质量观，把促进人的全面发展、适应社会需要作为衡量教育质量的根本标准。树立以提高质量为核心的教育发展观，注重教育内涵发展，鼓励学校办出特色、办出水平，出名师，育英才。"这些内容的实质就是要求学校紧紧围绕"推进学校内涵发展"这一主题思路开展工作。

由滨州市教研室主任王峰同志负责主持的"区域推进中小学教育内涵发展策略研究"获批为山东省教育科学"十二五"规划重点课题，立项编号为2011JZ149，并于2011年3月12日正式开题。王峰同志在开题报告中指出：所谓教育内涵主要是指学校的教育思想、管理水平、师资水平、课程实施水平、教育质量、学校文化等，即学校教育的"软件"。"教育观念相对落后、内容方法比较陈旧、中小学生课业负担过重、素质教育推进困难"等，这些都是学校教育内涵质量不高的一些表现。

鉴于此，我校为落实《国家中长期教育改革和发展规划纲要（2010—2020年）》的要求，借市教研室主任王峰同志负责主持的"区域推进中小学教育内涵发展策略研究"获批为山东省教育科学"十二五"规划重点课题的东风，结合我校实际发展需要确立了"立足校情、聚焦课堂——推进学校教育内涵发展的突出问题及对策研究"这一研究课题。

二、研究目标

进行"立足校情、聚焦课堂——推进学校教育内涵发展的突出问题及对策研究"的课题研究，就是为了结合地域的实际解决我校内涵发展中的迫切问题——"深化课堂教学改革、加强民族团结教育"，为了教师进行课堂教学和民族团结教育提供理论的支持和实践的平台，进一步总结一些能够提高课堂教学质量、提高民族团结教育实效的经验和资料，以便教师在实践与反思的交互中进一步发展，同时，更期待我们的研究成果能够得以推广，对区域内其他学校的发展起到积极、有效的指导作用。

三、研究意义

1. 实践层面

课堂是学校实施教育教学的主渠道，积极推进课堂教学改革是落实《国家中长期教育改革和发展规划纲要（2010—2020年）》中"要以学生为主体，以教师为主导，充分发挥学生的主动性""关心每个学生，促进每个学生主动地、生动活泼地发展，尊重教育规律和学生身心发展规律，为每个学生提供适合的教育""把减负落实到中小学教育全过程，促进学生生动活泼学习、健康快乐成长"等精神要求的现实需要；也是落实《国家中长期教育改革和发展规划纲要（2010—2020年）》提出的"遵循教育规律，坚持以人为本、全面实施素质教育的战略主题，深化教育教学改革，提高教育质量，优化教育结构，促进教育公平，努力办好人民满意的教育，培养德智体美全面发展的社会主义建设者和接班人"发展目标的重要举措。

加强民族团结教育是落实教育部办公厅、国家民委办公厅关于印发《学校民族团结教育指导纲要（试行）》的通知要求，认真贯彻中央关于切实做好民族团结教育有关精神的现实需要；也是促进不同民族学生之间团结友爱、共同进步，共创平安和谐校园、平安和谐社会的一项重要举措。

2. 理论层面

《基础教育课程改革纲要（试行）》（以下简称《纲要》）在阐述"基础教育课程改革的具体目标"中明确指出：要"改变课程实施过于强调接受学习、死记硬背、机械训练的现状，倡导学生主动参与、乐于探究、勤于动手，培养学生搜集和处理信息的能力、获取新知识的能力、分析和解决问题的能力以及交流与合作的能力"；并对"教学过程"强调要实现"学生的学习方式、教师的教学方式和师生互动方式的变革"。由此，我们也可以清楚地看到，课堂教学改革所承担的课程改革的重要任务。新课程改革进入具体实施阶段，课堂教学改革成为教育理论和实践工作者关注的焦点。广大教学实践工作者都在积极思考如何根据新课程的理念来改革课堂教学，上好每一堂课。新理念、新方向、新措施成为课堂教学改革的主题。因此，课堂教学改革课题研究必将为推动新课程改革、推进和实施素质教育提供更为有价值的、更为实用的先进经验和理论支持。

民族团结教育课题研究的实施对于从历史的角度引导中小学生认识到我国各族人民的大团结具有深厚的历史渊源，从现实的要求引导青少年认识到各族人民团结友爱是中华民族的生命所在、力量所在、希望所在、复兴所在均有现实的指导意义；同时，通过民族团结教育课题的研究可以创新思路和方法，推行多渠道、可行性的措施在中小学生中开展民族团结教育工作，提升中小学生对民族团结的理解和认识，进而引领他们躬行实践，从而为创新民族团结教育的形式、丰富民族团结教育的内容提供可借鉴的经验资料。

四、课题研究的主要内容

（1）深化课堂教学改革的理论基础。

（2）"课堂教学现状"的资料搜集与分析。

（3）课堂教学模式的探究与实践。

（4）课堂教学模式的阶段性总结。

（5）"民族团结教育的重要意义"的资料搜集与分析。

（6）"民族团结教育活动的形式与内容"的资料搜集与分析。

（7）民族团结教育实践活动的开展。

（8）民族团结教育活动成果的阶段性总结。

五、课题研究主要方法

在课题前期调研、论证、课题设计、申请立项阶段，主要采取文献法、调查法和分析法。通过检索国内外有关研究的文献资料，针对该项课题研究目前已取得的成果与我校工作现状分析研究，形成课题设计的基础调研和论证报告。

在课题研究方案制定、部署和开题等工作中，主要采取讨论法和文献查询法。

在课题集中实施和攻关阶段，主要采取行动研究法、观察法和资料分析法。

在课题总结和结题验收阶段，主要采取观察法、文献法和讨论法。

六、课题研究的主要步骤

本课题研究拟用一年时间完成（2012年12月至2014年11月），主要分为四个阶段。

第一阶段：2012年9月至2012年12月。这一阶段的具体工作主要由杨强强、张付亭等同志负责组织实施。

这一阶段要完成的主要任务是进行前期调研、论证、课题设计、申请立项。具体开展的工作有通过问卷、座谈等形式进行前期调研、论证，课题组成员进行课题的设计、完成立项申请书。形成的阶段性成果为基础调研报告、立项申请书、基础文献资料汇集等。

第二阶段：2012年12月至2013年3月。这一阶段的具体工作主要由杨强强、张付亭等同志牵头开展。

这一阶段要完成的主要任务是课题开题、培训、行动部署。具体开展的工作有研究制定课题研究方案、行动方案、培训实施方案，召开由指导小组成员和课题组成员共同参加的开题培训会，对第三阶段集中研究和课题攻关的具体工作做出安排部署。形成的阶段性成果主要是制定和形成课题研究实施方案、开题报告、培训实施方案、研究行动实施方案。

第三阶段：2013年3月至2013年12月。这一阶段主要由张付亭同志牵头，马东锋、菅秀堂、李新军、幽胜泉等同志具体参与实践与研究，杨强强同志给予理论指导。

这一阶段的主要任务是进行集中研究和课题攻关。具体开展的工作：一是召开课堂教学改革方面的研讨会、加强课堂教学理论的培训学习、组织课堂教学的观摩评比、鼓励教师参加各级各类课堂教学方面的竞技活动；二是召开民族团结教育方面的研讨会、加强民族团结教育校园文化建设、营造民族团结教育的浓厚氛围、组织民族团结教育系列主题教育及实践活动、积极参加各级各类民族团结教育研讨交流活动。形成的阶段性成果有深化课堂教学改革方面的活动记录、课堂教学类竞技活动证书、民族团结教育方面的活动记录、民族团结教育经验交流材料等。

第四阶段：2013年12月至2014年1月。这一阶段的主要任务是完成课题总结，申请结题鉴定。阶段性成果为杨强强、张付亭同志协作完成的课题成果鉴定申请、课题研究总报告，马东锋、菅秀堂、李新军、幽胜泉等同志协作完成的课堂教学改革和民族团结教育方面的材料整理。

七、课题研究保障措施

（1）课题组成立了以流坡坞镇中心校杨强强校长为组长、流坡坞学校张付亭副校长为副组长、流坡坞镇中心校及流坡坞学校各科室具体负责业务的同志为组员的课题研究领导小组和课题研究工作小组，负责课题研究组织领导和具体研究工作。

（2）课题组委托成立了以流坡坞镇中心学校教学办主任孙佃国同志为组长、流坡坞学校教科研主任白先锋同志为副组长、部分中学高级教师为成员的课题研究顾问小组，负责为课题研究提供咨询、指导和评估。

（3）建立课题研究工作制度，定目标、定任务、定时间，有序推进课题研究工作。

（4）建立研究经费和条件支持保障制度，保证课题研究所需经费和条件支持。

八、课题研究取得的主要成果

1. 在深化课堂教学改革方面取得的成果

（1）课题组结合本校实际将"尝试教学"和"小组教学"相结合，以"尝试教学"为理论指导、以"小组教学"为组织形式，探究并推行了"教学铺垫—尝试训练—补充矫正—达标检测"四步教学法。

附：

"四步教学法"课堂教学改革简介

课堂教学改革应当是一个学校追求内涵发展、提高教育教学质量的需要，是一个学校永远坚持不懈的研究课题。本学年，学校计划以"尝试教学"为理论指导、以"小组教学"为组织形式，探究并推行"教学铺垫—尝试训练—补充矫正—达标检测"四步教学法。

一、课堂教学改革的理论基础

邱学华教授的尝试教学理论的架构为：以"先让学生试一试"为指导思

想，以"学生能尝试、尝试能成功、成功能创新"为理论核心，以"先试后导""先练后讲"为操作模式。尝试教学要求掌握五种操作模式：一种基本式（七步教学程序）加上四种变式（调换式、增添式、结合式、超前式），运用六条教学原则（尝试指导原则、准备铺垫原则、即时矫正原则、合作互助原则、问题新颖原则、民主和谐原则），重视七个达到尝试成功的因素：学生的主体作用（学生之间的互补作用、教师的主导作用、师生之间的情意作用、课本的示范作用、教学手段的辅助作用、旧知识的迁移作用）。

以"小组教学"为组织形式，再配以"小组课堂教学综合评价机制"，更利于在课堂上形成良好的探究、合作和竞争氛围。教师可借此激励组员积极参与小组合作学习，交流思想，学习方法；鼓励学生积极参与回答问题、板演问题、纠正错题等课堂活动。

二、"小组教学"分组的基本原则

（1）合理分组是"小组教学"取得成功的前提，分组时要综合考虑学生的学习基础、组织能力、学习能力、语言表达能力以及性别等各方面因素。

（2）每个组设组长、副组长各一名，履行组织学习、维持纪律、检查作业及练习、记录评价分数等职责。

（3）根据学生的学习基础为每个学生依次编号，编号可根据学习情况做微调。

三、小组课堂教学综合评价机制

课堂中的评价既要涉及组员个人，又要与小组整体捆绑，这样才能引导学生在小组内既合作学习、互帮互助，又互相监督、互相约束。因此，我们将组员课内外完成作业或练习情况，课堂上回答问题、纠正问题以及上黑板情况、课堂检测达标情况、课堂上违反纪律情况一并纳入评价内容；同时，组员个人得分之和即为小组得分。下课前将根据得分对优秀个人和优秀小组进行表彰。

（1）课内外按时完成作业者加1分，未完成作业者扣1分。

（2）课堂上积极回答问题正确者加1分，错误者不扣分，补充说明、展示另一种做法或纠正错误者加1分。

（3）课堂上积极上黑板正确者按编号加分，错误者不扣分，补充说明、展示另一种做法或纠正错误者加1分。

（4）课堂达标检测全正确者，每人次加1分，错误者不扣分。

（5）课堂上交头接耳、违反纪律者视情况扣1～2分。

四、"四步教学法"基本模式

邱学华教授的尝试教学基本模式设计了七步教学程序。有人认为教学程序是束缚教师手脚的条条框框，是教条主义的东西，这种认识是欠妥的。教学模式有一个基本教学程序，它只是为教师合理组织教学活动指示了应遵循的科学程序。但是，教学情况是千变万化的，各不相同的，生搬硬套一个模式也是不科学的。生搬硬套所造成的问题不应只是教学模式本身的过错，而很大程度上是由于教师使用不当的结果。

当然，尝试一种新的教学模式时，如果这种教学模式的条条框框设计较多的话，那么初试者往往会为"走"完程序而奔波，不自觉地陷入条条框框当中。因此，结合学校实际情况，对"尝试教学"与"小组教学"加以整合，探究推行"教学铺垫—尝试训练—补充矫正—达标检测"四步教学法。

1. 教学铺垫

教学铺垫是尝试训练的预备阶段，大约需要5分钟的时间，它包括心理铺垫和知识铺垫两个层面。心理铺垫，即创设尝试氛围，激发学生进行尝试的兴趣。知识铺垫，即新知识都是在旧知识的基础上引申发展起来的，尝试教学的奥秘就是借用"七分熟"的旧知识来尝试学习"三分生"的新知识。

在这一阶段，教师必须能够精心设计出与下一步尝试训练有关联的问题情境和知识点来引导学生进行准备练习，然后以旧引新，为下一步尝试训练铺路架桥。这一阶段的铺垫设计如果不好，将直接影响下一步学生是否能进行有效的尝试训练，所以教师备课时必须认真研读课标和教材，把握好新旧知识的连接点。

2. 尝试训练（第一轮）

教师引导学生完成教学铺垫环节之后，就可以顺势给学生出示本节课的第一轮尝试训练内容，也就为学生的第一轮尝试训练提出任务和目标。学生明确了尝试训练的任务和目标之后就可以结合教材开展自主探究、合作交流等学习活动，然后由教师组织成果展示，整个阶段大约需要15分钟的时间。

第一轮的尝试训练题应为同步尝试题和变化尝试题。所谓同步尝试题，即与例题同类型、同结构、同难度，只改变内容、数字；变化尝试题，即与例题的内容、形式、结构有些微变化，难度大致相同。这轮尝试训练对于学优生来说很容易解决的；对于中等生和学困生来说，在优等生的指导下，通过合作学习也能够解决。因此，第一轮展示尝试训练效果的机会应该给中等生和学困生，即各组2号以后的同学。为激发学生的学习兴趣，到底由几号同学来展示，可以通过抽签、游戏等形式来确定。

在本环节，教师需要做好三个方面的准备：第一，尝试训练题的设计要难度适宜，多数学生通过自学课本后，能举一反三自己解决，如果第一轮尝试难度偏高，将影响尝试的时间和效果，甚至完不成本节课的教学任务。第二，要注意创设尝试的氛围，激发学生尝试的兴趣。教师可进行启发性的谈话："相信同学们只要认真阅读课本，就能解决这些问题。""这道题就是这堂课要学习的新知识，谁会做这道题目？""教师还没有教，谁敢试一试？""看谁能动脑筋，自己来解决这道题。"也可以巧妙运用多样化的题型、竞赛游戏化的组织形式吸引每一个同学。第三，第一轮尝试教学并不是简单地让学生看书、做题，教师要给予适时、适度的指导。在自学课本中，学生遇到困难可及时提出问题，教师要鼓励学生质疑问难，同学之间也可以相互讨论。

3. 补充矫正

（1）第一轮补充矫正。

中等生和学困生尝试训练之后，教师要把补充矫正的机会让给学生。教师要引导学生认真听、认真看：认为有错误的、认为不完整的、认为虽然正确但有其他解法的情况都可以作为补充矫正的内容。

学生补充矫正之后，教师要引导学生进行总结和反思，畅谈困惑与收获，然后再进行有针对性的重点讲解，这是保证学生系统掌握知识的重要一步。这一阶段，教师讲解要适度，由于有了学生先练的基础，已经暴露出学生在认识新知方面所存在的问题，只要根据学生存在的困难进行点拨就行了。

（2）第二轮尝试训练及补充矫正。

在第一次尝试练习中，有的学生可能会做错，有的学生虽然做对了但没有弄懂道理，是依样画葫芦的。经过学生讨论和教师讲解后，其中大部分人会有所领悟。为了再测试一下学生掌握新知识的情况，以及把学生的认识水平再提高一步，教师应该组织学生进行第二次尝试练习，再一次进行信息反馈。本环节大约需要15分钟。这一步对学困生有所帮助，也是面向全体学生并使每一个学生都得到发展的一条有力措施，能够保证他们尝试成功。

第二次尝试练习题不能同第一次相似，否则就失去第二次尝试的意义。它一般同例题形式有变化，难度有提高。学生第二次尝试练习后，教师同样要组织学生讨论、矫正、评价，并要根据学生在第二次尝试练习的情况，做进一步补充讲解、反思总结。

4. 达标检测

经过两次尝试训练，为进一步复习巩固并检测学生对本节课内容掌握情况，教师在最后5～10分钟的时间要组织达标检测。为确保检测实事求是，检测时各组长要交换"监考"和"阅卷"，检测结果记入"课堂评价计分表"。

（2）"四步教学法"的推行改变了教师的"教"和学生的"学"，改变了课堂教学模式，实现了课堂效率由事倍功半向事半功倍的转型。

一是教师讲的少了，师生之间、生生之间的互动多了。教师不再以讲的多少、讲的详略论英雄，不再是"满堂灌""填鸭式"的滔滔不绝。课堂不是教师一个人的了，师生之间的互动、生生之间的互动代替了教师的"一言堂"。课堂教学的主动权还给学生，践行了"我的课堂我做主"的学习理念。

二是一问一答的互动方式少了，取而代之的是学生自己发现问题、自己解决问题。原来教师们喜欢提出问题然后找学生回答，这样既照顾不到更多的学生，也逐渐将他们变成了回答问题的"机器"。现在，教师鼓励学生自己去发现问题、提出问题，问题的答案由学生自己通过独立思考、小组合作交流的方式解决。更多的学生参与到发现问题、解决问题的过程中，少了些回答问题的压力、多了些探究问题的乐趣。

三是教师课堂上的批评、抱怨少了，表扬、鼓励多了。课堂上发脾气、讽刺挖苦学生不仅仅是理念、观念的问题，也是师德修养问题。通过课题研究过程中的不断交流与研讨，教师们的意识改变了、修养提高了、技巧增多了。因此，课堂上听不到教师们的批评声、埋怨声，取而代之的是对学困生的鼓励、对学优生的表扬。学生放下了思想包袱、树立了学习的信心，营造了民主、和谐的课堂氛围。

四是学生的胆怯、沉默少了，自信、辩论多了。原来一问一答的提问方式，答错了常常会挨批评的督促方式让学生害怕被提问、害怕和老师"四目相对"，学生上课胆战心惊、如履薄冰。现在学生在教师的鼓励下树立了这样的课堂理念——"课堂上，只要肯参与、敢回答就是好样的，就是最棒的！"。

五是教室里的喧闹声、嘈杂声少了，讨论声、交流声多了。学生不能有效地参与到课堂的互动中来，就只能各做各的事情——做与学习无关的事、说与学习无关的话。教室里的喧闹声、嘈杂声此起彼伏，提高课堂教学的效率谈何容易！现在，人人都有参与的需求、人人都有表现的机会、人人都有成功的体验，学生会以讨论、交流为乐，教室真正回归了"学堂"。

（3）课题研究助推了教师的专业成长。

课题研究的开展对于指导教师的课堂教学发挥了有效的指导，帮助教师们在多项竞技活动中获奖。孙孝刚（语文）、吴学花（体育）、曹国敏（美术）、宋雪梅（综合实践）、张付亭（校本课程）等五位教师在课题研究期间执教的现场优质课均获得县一等奖。宋雪梅老师还执教了全市观摩课，张付亭老师在全市优质课评选中名列全市第二名、在山东省首届小学校本课程优质课评选中获得二等奖。

2. 在加强民族团结教育方面取得的成果

（1）学校开发的校本课程"民族团结教育"实施纲要已成系列，并在低、中、高不同年级段走进课堂。

学校开发、开设了以民族团结教育为主题的系列校本教材《民族知识概要》《民族常识教育》《民族政策教育》，进一步开拓了学生的文化视野，加强了学生对各民族历史及习俗的相互了解，培养了学生团结和谐、相互尊重的感情。

学校根据学生不同年龄的特点，按照年级有针对性地制订了详细的民族团结教育课堂教学要求。低年级开设《民族知识概要》，将教学目标锁定为"能够理解民族团结及其重要意义"；教学内容包括民族的概念、民族和宗教的区别和联系、"三个离不开"的重要意义。中年级开设《民族常识教育》，将教学目标锁定为"了解改革开放以来我国少数民族和民族地区的发展历史和现状以及各民族优秀的文化传统"；教学内容包括民族发展史、民族风俗研究等知识。高年级开设《民族政策教育》，将教学目标锁定为"初步认识和理解党的民族和宗教政策，包括党的宗教信仰自由政策"等；教学内容包括我国处理民族问题的主要政策、民族问题产生并长期存在的原因等。以上系列教材的开发与开设使学生逐渐加深了对党的民族政策和宗教知识的认识，树立了正确的民族观和宗教观，增强了民族团结意识。

富有民族特色的校本课程使学生了解了民族常识，弘扬了民族传统文化，也丰富了民族团结教育的内容，从而增强了回汉学生民族团结的意识与感情。

（2）随着民族团结教育工作的深入开展，我校师生的民族团结意识进一步增强，呈现出两个民族的学生争做"民族团结先进个人"的良好局面，涌现出了一大批学习优秀生、卫生标兵、道德模范生等。两个民族的学生在一起学习和生活，增进了了解、增深了感情，学校呈现回汉学生互尊互爱、互帮互助的和谐局面。学校民族团结教育工作的开展为平安和谐校园的创建，乃至平安和谐乡镇的创建都起到了积极的推动作用。

（3）民族团结教育已成为学校的特色课程、特色文化。课题研究期间，流坡坞学校承办过全市民族团结教育现场观摩活动；课题负责人杨强强在全市民族团结教育工作会议上做了典型发言，并多次在阳信县民族团结教育工作会议上做经验交流；流坡坞学校的民族团结教育工作开展情况多次被电视台播报，成为全县民族团结教育工作的一面旗帜。

九、有关该项课题研究的进一步思考

在看到该项课题研究成果推动学校教育教学工作顺利、高效开展的同时，我们也有了进一步的思考：如何发挥这一课题研究主攻方向——"深化课堂教学改革和加强民族团结教育"以点带面的作用，进一步丰富学校内涵发展，推动学校整体工作再上新台阶。因此，虽然根据预定计划我们向专家组提出结题鉴定的申请，但我们永远不会停止"立足校情、聚焦课堂——推进学校教育内涵发展的突出问题及对策研究"这一课题研究的步伐。我们将积极借助课题研究的平台，实现创办人民满意教育、培养人民满意教师、培育人民满意学生的办学宗旨。

"以立德树人为核心的学校、家庭、社会'三位一体'教育体系建设的研究"开题报告

一、课题提出的背景

根据我们收集到的资料，有关学校与家庭、社会相结合的"三位一体"教育体系建设的研究已越来越受到人们的关注，基本情况如下：

当代教育是学校教育、家庭教育和社会教育"三结合"整体育人的系统工程，在这个系统工程中，学校、家庭、社会都担负着重要的责任，在不同的角度和层面分担着不同的教育任务。

目前，国内外对运用学校、家庭、社会三者的有效沟通加强对学生教育的研究，已进行了各种尝试，有其可借鉴性。西方发达国家一般强调宏观上的协调与合作，如学校向社会开放，形成家庭、学校、社会一体化的育人网络，从而优化学生的校内外环境，促进学生的身心健康发展。国外父母大胆放手让孩子养成独立自主的生活能力，父母只是提供参考意见以及自己所能提供的各种条件，为孩子营造一个平台和氛围，让孩子自己去成人、成才。

苏霍姆林斯基的观点奠定了家校沟通研究的理论基础。他认为，没有家庭教育的学校教育和没有学校教育的家庭教育都不可能完成培养人的任务。家庭教育研究在我国也有着十分悠久的历史，特别是独生子女的大批出现，社会上对家庭教育理论的需求也越来越强烈。因为一方面受当前考试制度的影响，学生严重脱离社会实际；另一方面，在家庭中，学生或者是被过分溺

爱、纵容，或者是"无人管"，或者又是事无巨细，家长样样都要"管"，学习至上。其结果是学生在道德、心智、个性、品行、能力、体质等方面，尤其是社会适应能力、创新能力等方面呈弱势发展。

现在国内外关于家庭、学校、社会三结合围绕具体的教育内容、共同的教育目标和要求，并以此为载体形成比较完善的教育体系建设的研究与成果并不多见，关于对以"立德树人"为核心的品德课程教学与其他德育专题活动、家庭、社会有机融合的实效性系统研究也很少。

目前，我国的小学品德课程基本上是以生活与实践体验为核心的课程，立足学校，面对家庭与社会，是对学生进行思想道德养成教育的主阵地。学生的品德形成需要强大的教育合力，应该是在学校、家庭、社会等各方面的长期教育影响下形成和发展的。以社会主义核心价值体系为统领，树立当代大课程观，探索构建开放融合的小学"大品德"三位一体课程体系，积极发挥品德与生活（社会）课程教学的主渠道作用，提高德育实效性，这是当前亟待研究的主题。

二、课题研究的意义

《品德与生活》与《品德与社会》是小学品德教育主干德育课程，是落实立德树人的主渠道，但是，在课程建设与实施过程中，出现了课程教条化，品德教学说教化、形式化的倾向。学生的生活离不开学校、家庭、社会，但是，目前学校、家庭、社会三方面的教育存在脱节的现象，尤其是农村小学，出现了学校教育孤立、家庭教育随意、社会教育无力的局面。小学品德教育具体呈现为：多依赖学校教育，少家长、社会参与；多教育理论，少实践活动；多重视智育开发，少加强德育培养；多书本知识，少社会实践。此种小学德育课程不能很好地落实品德课程生活性、实践性、开放性的要求。

而本课题研究能有效解决以上问题：一是在实践中探索品德课程教学与学校其他德育专题活动及家庭教育、社会教育有机融合的方式方法及策略，通过学校与家庭、社会的互动研究，有利于丰富学校德育理论和家庭、社会教育理论，创设一个课内外、校内外协调一致的育人环境，使学生处于优化的教育场的作用之中。二是有利于指导学校德育实践，提高学校德育的针对性和实效性。课题通过有效链接品德课程教学与学校德育专题活动，充分挖掘家庭并合理配置社会德育资源，使学生思想品德教育由单一渠道、固定时空向多渠道、全方位、主体化转化，形成教育合力，即构建学校、家庭、社会相结合的"三位一体"德育体系，把学校德育工作的触角延伸到各个领域，提高学校德育的质量和效益。三是有利于小学品德课程教学改革的不断深化，促使教师在品德课程教学理念、教学方式方法及策略，学生在自主学习、探究意识和创新精神等方面发生质的变化，从而促进"立德树人"建设。

三、研究目标

（1）抓住《品德与生活》《品德与社会》的德育课程特点，从实践层面系统地进行课程优化整合，构建开放融合、以"立德树人"为核心的小学品德教育一体化的新型"大品德"立体德育课程体系。

（2）有效衔接品德教学与学校德育、家庭教育、社会教育，建立以儿童实践体验活动为主，学校、家庭、社会相联系的三位一体教育教学活动方法体系。

（3）通过整体构建学校、家庭、社会和谐德育体系，优化教师与家长的德育教育观念和行为，浓化社会德育氛围，引领全社会都来关注未成年人的思想道德建设。

四、研究内容

本课题主要解决以下问题：

（1）当前道德教育中存在的突出问题及现状分析。

（2）品德课程教学与学校其他德育专题活动及内容优化整合的研究。

（3）品德课程教学与家庭教育有机融合的方式方法及策略研究。

（4）品德课程教学与社会教育有机融合的方式方法及策略研究。

德育的本质是实践，是活动体验。活动既是学生主体参与的形式，又是学生实现自我教育的必由之路。因此，本课题研究工作主要是面对问题，深化和整合以品德课程教学为载体的德育途径的研究，以及学校与家庭、社会相互联系的德育课堂教学模式研究；拓宽与创新校内外德育实践活动，开辟教育绿色通道，对学生进行多方面各层次的思想道德教育。

我们坚持以课堂为主阵地、以学生的活动为主线，以学生的内在需要为依据，以学生的社会发展为目标来展开教学，努力实现"让家庭、社会走进课堂，让孩子走进社会，让师生获得资源"。

五、研究方法

1. 文献资料法

课题组通过对有关实践与应用的品德教学文献的检索和研究，分析借鉴他人的成功教改成果，摘录对课题研究有借鉴和指导作用的理论知识，对照本校品德课教学中存在的困难和问题，形成可行性课题研究方案，争取立项，做好开题、实施、课题总结及结题验收工作。

同时，课题组借助有关教育文献资料的学习，提高成员理论修养与课题研究执行力。

2. 调查法

在实施课题研究之前，课题组对本校的各年级学生采用问卷及现场调查方式进行调查研究，调查分析这些学生的德育现状及在品德课程中的学习方法、学习习惯、心理素质、智力品质等情况，用以了解学生的品生（社）课堂发展现状与发展需求，以及相关的影响因素，并根据对调查结果的分析，形成可行性课题设计方案，并及时调整课题研究过程中的实施策略。

课题组对学校、家庭、社会三方面的德育教育现状进行调查，比较分析，写出调查报告，明确学校与家庭、社会德育体系建设的条件及内容需要，有针对性地进行课题研究，寻求解决的办法。

3. 观察法

在德育教育过程中，教师要注意仔细观察学生的个性与发展，在管理上以情动人，还要在观察的基础上，经常与学生沟通，与家长沟通，与社会沟通。学生只有通过沟通达到相互理解，才会接受老师、家长或别人的帮助和教育，才能逐渐养成和形成良好的品德行为习惯和情感态度价值观。

4. 个案分析法

课题组选择学生中的个案有针对性地展开调查分析，进行个别指导，了解研究取得的成效，总结经验，以便推广。

课题组不断收集、分析、解剖转差工作成效突出的典型教师的典型个例及课中的典型教学细节，从中发展和提炼科学有效的实施措施，及时予以推广。

5. 行动研究法

课题组将行动与研究结合起来，注重"计划、实施、观察、反思"四个基本环节的落实，通过构建学校、家庭和社会德育教育的机制的实践，探索学校、家庭与社会德育教育的发展变化和基本规律。

结合教育教学实际，在实际的教育教学环节中，课题组通过对群体及个体的跟踪调查，及时改进研究措施。在品生（社）课堂教学中，课题参与教师勤于将自己从课题研究中获得的教学理念转化为教学行为，在实施的过程中不断总结、反思、修正、再实践，逐步积累经验。

课题组研究方法阶段使用情况：

（1）在课题前期的调研、论证、设计、立项阶段，主要采取文献法和调查法，通过检索国内外有关研究的文献资料，对照本校主题活动化教学的调查研究和本课题的设计，进行分析研究，形成课题设计的基础调研和论证报告。

（2）在课题研究方案制订、开题等工作中，主要采取讨论法和文献法。

（3）在课题集中实施和攻关阶段，主要采取行动研究法、观察法和资料分析法。

（4）在课题总结和结题验收阶段，主要采取观察法、文献法和讨论法。

六、组织分工

本课题成立以中心学校杨强强校长为组长的课题研究小组。

课题主持人：杨强强　负责课题全面研究工作

主要成员：马元芙　组建队伍，做好课程资料梳理

　　　　　李永胜　开展实验，撰写开题、中期及结题报告

　　　　　周春兰　方案拟订，论证、厘定课程目标

　　　　　李祥田　搜集、整理课题组资料

　　　　　徐登辉　研究制订课程方案

　　　　　王立霞　做好备课与交流

　　　　　商建鹏　组织课程评价

　　　　　陈桂霞　编制课程材料，规定实施细则

七、研究进度

为使课题研究顺利进行，其研究成果科学有效，根据省、市《以立德树人为核心的小学品德课程教学创新研究实施方案》的部署要求，确定研究的途径为以下相衔接的四阶段：

第一阶段：2014年3月至2014年12月，前期调研（开展品德课程教学、家庭、社会和学校德育教育现状调查）、论证、设计、立项。阶段成果为基础调研报告、立项申请书、基础文献资料汇集等。负责人：马元芙、周春兰。

第二阶段：2014年12月至2015年3月，课题开题、培训、行动部署。阶段成果主要是制订课题研究实施方案、开题和培训，研究行动展开。负责人：马元芙、李永胜。

第三阶段：2015年3月至2016年6月，集中研究和攻关。本课题围绕学校、家庭、社会"三育"工作，开展研究与反思。阶段成果为阶段总结、初步研究成果、典型现场示范展示、典型案例等。负责人：马元芙、李永胜。

第四阶段：2016年6月至2016年9月，课题总结和结题鉴定。收集整理课题研究的各种资料，并汇编成册，撰写课题的结题报告，申请结题。阶段成果为课题研究工作全面总结、课题研究报告、课题调研报告、工作优秀案例汇编等。负责人：马元芙、李永胜。

八、课题研究保障条件

品德与生活（社会）教学研究在当今是一项国内缺少现成经验成果，既需较深理论作指导，又需熟悉学科专业知识的教师队伍，是一项难度较大的研究。因而，我们注意加强以下几方面的工作，以保障研究的顺利进行。

1. 思想保障

课题组加强成员的学习与交流，提升整体团队的科研理论水准和献身科研、认真实验的品质，让学生和家长充分认识本课题的理论价值和实践意义，充分调动课题组成员的工作热情，争取全校教师对本课题研究的支持和配合。

2. 组织保障

课题组构建本课题研究的管理网络，明确各成员的职责，严格执行学校制定的课题研究制度、学习制度、个案学生访谈制度、档案管理制度、激励制度，使课题研究制度化、规范化。

3. 经费保障

学校领导重视课题研究，并提供足够的专项经费用于课题研究，为本课题的顺利实施提供保障。前期调查研究阶段：500元用于资料的印发、准备开题前材料；8000元用于课题研究中期外出学习、开展实践活动、购买书刊等；1500元用于取得阶段性成果阶段刻录光盘、印发推广资料。此课题每个阶段各有侧重点，并有专人负责，图书室、网络等均可提供研究资料。

4. 技术保障

课题组定期邀请有关专家、领导和协作组同行来校指导课题研究工作，加强与协作组学校的沟通与联系，组织课题组人员参加相关培训和外出参观学习。

九、预期成果

设计立项阶段（2014年3月—12月）：基础调研报告、立项申请书、基础文献资料汇集。

课题开题、培训、行动部署阶段（2014年12月—2015年3月）：论文、案例、开题报告和培训。

集中研究和攻关阶段（2015年3月—2016年6月）：阶段总结、初步研究成果、典型现场示范展示、典型案例、研究报告。

课题总结和结题鉴定阶段（2016年6月—2016年9月）：活动汇总、结题报告、优秀案例汇编。

最终形成一种以学生发展为本、以《品德与生活》《品德与社会》课程为基础的品德课程教学与家庭、社会教育有机融合的"三位一体"德育教育体系。

"自主参与型提高学生学习效率研究"
课题研究总报告

《中共中央国务院关于深化教育改革全面推进素质教育的决定》中明确要求"培养学生的创新精神和实践能力"。随着素质教育的深入和减负增效的实施，如何提高学生的学习效率已成为社会的普遍关注的话题。2008年春，山东省在全国率先推行实施素质教育改革：大量减少教师正式上课的课时，增多学生自主学习时间，尤其是学生的学习方式由教师包办下的学习一下子转变为教师放开式的学习。我们以此为契机，深化教育教学改革，致力于提升教学质量，提高学生的学习意识和学习能力。

在研究"新课程背景下中小学教师学习研究"理论的基础上，我校申请的山东省教学研究课题"自主参与型提高学生学习效率研究"自2013年5月立项以来，在上级领导的关心支持下，我们课题组成员积极开展了扎实有效的教学研究与课堂实践落实工作，并取得了一系列成绩。

一、课题实验的目的要求

1. 课题的提出

新课程标准的实施，旨在充分调动、发挥学生主体性的多样化学习方式，促进学生富有个性地学习。为真正贯彻、落实新课标，提高学生的学习效率，达到真正意义上的愉快学习、情感学习、成功式学习与创新性学习的目的，培养学生的自主创新性学习能力，激发学生的学习兴趣，帮助学生形成适合自己的学习策略，将来适应社会现实生活的需要，特进行"提高学生学习效率研究与实施策略"。

2. 目的要求

通过本课题的研究，学生从厌学变为乐学，在学习过程中充分发挥自己的潜能，从而提高学习效率；传统的课堂教学与社会生活实践有较大的距离，造成了理论脱离实际，本课题研究有助于培养学生运用所学知识解决实际问题的能力，在知识的运用过程中，使学生对学习产生浓厚的兴趣，变被动学习为主动学习。在课题研究过程中，课题组注重现代化教学手段的使用，注重教法改革和学法指导，真正使学生由被动学习变为积极主动学习，用较少的时间学得更多知识，使素质教育得到更好实施。

二、本课题在国内外同一研究领域的现状与趋势分析

1. 国内外同一研究领域的现状与趋势分析

当前，国内外与本课题相关的研究比较丰富，从国内公开发表的专著、论文来看，主要围绕以下角度展开研究：一是通过优化作业结构，提高学习效率；二是通过提高课堂教学的主渠道来提高学习效率。例如，刘善循提出的"关于优化教学环节，激发学习潜能"的教育理论。从国外研究来看，世界著名创新教育家托兰斯、哈尔曼等对教师如何发展学生的创造性，提高学习效率提出了5条原则、12条做法和10条意见；罗扎诺夫提出了激发人类最大潜能的学习的三大特征；默默帕德斯提出了四巧学习原则；美国教育家提出的多元智能理论；等等。这为我校开展实施"自主参与型提高学生学习效率研究"提供了强有力的课题理论支撑。

2. 本课题研究的突破点

本课题研究预计实现两个突破：

一是学生学习方式的转变，由被动学习、识记学习转变为自主探究型学习。在教学过程中，教师要重视学生的主体作用，充分发挥学生学习的积极性、能动性和创造性，提高其学习效率和学习质量。

二是教师角色的转变，由"知识传授者"为主转变为"学生学习过程的

指导者"为主。在实施过程中,教师可以借鉴洋思中学"先学后教,当堂训练"的有益成分,强调教学过程中的教师引导和学生自主参与,面向全体学生,激活他们的思维,培养他们的学习兴趣,实现高效课堂,力争为国家和社会培养出更多具有创新思维的后备力量。

三、课题研究具体目标

（1）优化课堂教学结构,提高课堂教学效率,减轻学生课业负担。

（2）优化学生的学习过程,提高课堂学习效率。

（3）培养学生自主学习的兴趣,提升学生的学习积极性和主动性。

（4）转变学生学习观念,使学生由被动变为主动学习,培养学生学习的创新精神。

四、课题研究的具体内容

（1）在学生自主学习时间增多的背景下,教师如何参与、指导学生的自主学习过程的研究。引导学生合理安排课前预习、课堂学习和课后巩固三个阶段的学习时间、学习方式和学习任务的研究,以提高学生学习兴趣,减轻过重课业负担的研究。

（2）学习内容（教材）的优化重组,教师积极从事构建高效课堂,提高学生学习效率。

（3）开展"交往互动式"小组教学,教学过程各环节的优化与组合,形成"自主性学习、互助性学习、反思性学习、练习性学习、补偿性学习"的五环节的学习模式,探究实施策略与方式方法。

（4）改变现实课堂教学中学生自主性不够,结构松散、零乱,效率低下,反馈矫正不及时等问题,形成有利于发挥自主、互助、反思、练习、补偿等关键性学习环节作用的学习模式,实现课堂教学的高效率,促进教师专业发展,提高学生学习兴趣,减轻过重课业负担的研究,全面促进素质教育的实施。

（5）促进教师专业发展,提高教师在课堂教学中实施素质教育的水平。

五、课题研究的现实意义

1. 时代的呼唤

《中共中央国务院关于深化教育改革全面推进素质教育的决定》中指出：智育工作要转变教育观念，改革人才培养模式，积极实行启发式和讨论式教学，激发学生独立思考和创新的意识，切实提高教学质量。要让学生感受、理解知识产生和发展的过程，培养学生的科学精神和创新思维习惯，重视培养学生搜集处理信息的能力、获取新知识的能力、分析和解决问题的能力、语言表达能力和团结协作、社会活动的能力。可见，社会发展对人才培养的质量提出了全面的新要求，科技的日新月异、知识量的激增及其存在形式的变化、知识共享的可能性等，使教育从内容到方法都面临着严峻的考验，数字化社会的到来，新技术新媒体的出现，使人类的思维方式和学习方式产生了重大变化。可是，作为实施素质教育、培育21世纪需要的高素质人才的主渠道——课堂教学却效益不高。那种超负荷的学业压力泯灭了孩子应有的灵性，机械的记忆扼杀了孩子与生俱来的原创力和好奇心，注入式教学、题海战术、苦学多练等传统的课堂教学方法直接影响着学生的学习效益和人才的培养。

2. 新课程改革要求

新一轮国家基础教育课程改革将使我国的中小学教师队伍发生一次历史性的变化，新课程体系在课程功能、结构、内容、实施、评价和管理等方面都较原来的课程有了重大创新和突破。在这场变革面前，我们教师如何改革课堂教学、提高课堂教学效益，都应做出明确的回答。

3. 现实的反思

根据我国现行班级制的课堂特点，要变革学生的学习方式的前提是教师教学行为的转变。多少年的教学改革都在强调尊重学生主体地位，发挥学生的主体作用，但由于教师的教学理念仍停留在"传道授业"这一传统的立场上，所以在教学行为上自觉或不自觉地影响或限制了学生的主动性，学生也习惯于听教师讲课，完成教师布置的作业，应对各种类型的考试。因此，若不纠正教师认识上的偏差，引导教师反思并更新自己的教学思想，优化教学过程，优化教学方法，优化教学手段，优化评价体系，要想提高课堂教学效益是不可能的。

六、课题研究的具体措施

1. 加强教师理论学习，更新教师观念

在现实操作中，我们边学习高效课堂教学理论知识，边深入进行课堂教学观摩，以此来积累教师的表层印象，然后我们组织课题组教师开展课堂演练活动——尝试教学。在此基础上，我们确立了"交往互动式"小组教学模式，确立了校本性质的导案学案模板，再以多种形式组织教师研讨交流，找差距、谈感受，探讨这种教学模式的可行性，为下一步行动确定方向。在实践比较成熟后，我们开展了课堂观摩教学和横向的课例教学活动，然后再研讨、再交流，进一步找出不足，寻求突破的方式和方法，寻求符合本校实际的课改之路。

2. 以教材为基点，实施启发式教学

启发式教学既是一种教学思想，又是一种教学方法，是针对注入式教学提出来的，我们坚持"启发式教学"仍然应该是"课堂教学改革中必须坚持的"，因为基于"高效课堂教学理论"的学习改变了以"注入式"为主要方式的传统课堂，为课堂教学带来了活力和生机。另外，课堂教学中的一切"引导"都应遵从"启发"原则。引导是引路，是让学生想一想，然后找到答案，而不是简单地告诉他们答案是什么，是提示学生想一想该怎么做，而不是告诉他们该怎么做。我们认为课堂教学必须以"教材"为蓝本，从"文本"出发，并且围绕"文本"组织进行，鼓励开放式的教学，但反对天马行空式的展示。

3. 建立互动学习小组，提高学生学习效率

学生是学习的主体，是课堂教学改革中的受益者，高效课堂的理念是提倡合作互助学习，小组化建设就是合作互助平台的建设。小组合作互助学习是课堂教学中充分发挥学生主体作用的一种有效方法，也是当前引导学生主动学习的重要途径。小组合作互助学习可以增强学生的合作意识和探究精神，可以

帮助学生树立自信心，提高学生的学习效率。在小组建设中，我们坚持从"合作""互助"这两个原则出发（人人可以发言、人人都有话可说，同伴引领、互通有无），通过课题组和班主任两个渠道对学习小组长和学习小组成员进行培训，制定了小组评价办法和评价细则，每周由班主任对各小组学习情况进行总结和评价，并在班级公示，以此提高小组合作的能力和学习水平。

4. 实施导学案教学，提高课堂效率

如果目标被称为课堂教学的方向盘的话，导学案则是课堂教学改革中的"档位"。我们在课题组框架内成立了备课组，制定了相关的检查和审阅制度，以此来规范教师的备课行为。在实际操作中，我们通过"导"来强调教师在学生学习中的重要作用，通过"学"来进行学法指导，落实课堂"学"的目标，在整体上达到"提高课堂学习效率""减轻学生课业负担"的目的。在课题研究中，我们要求课题组教师从学生学习的实际情况出发，结合学科知识特点，坚持以"知识问题化""问题层次化"为指导原则来设计导学案，并以此为基础开展小组学习和探讨交流。在课堂展示中，我们分两个层次进行：第一个层次是检测性展示，展示的基础是学生的预习和自学；第二个层次是学习成果展示，展示的基础是小组合作的交流和研讨。

七、课题在实践中取得的初步成效分析

经过两年多的研究、探讨，我们从学生实际生活中激发学生的学习兴趣，使学生带着浓厚的兴趣获取知识，再把所学知识运用到实际生活中，提高学生的学习效率已取得初步成效。

1. 学生学习兴趣明显增加

对于学生身边的实际生活，学生并不能完全了解其所以然，针对青少年特有的好奇心和旺盛的求知欲，教师通过一些活动设计引导他们产生求知的兴趣，使学生带着好奇心和浓厚的求知欲获取知识，而这些知识又都是带着问题得到的，所以学生解决实际问题的能力得到了很大的提高。能力的提高又进一步激发了学生的学习兴趣，形成了良性循环，学生的学习成绩有了长足的进步。

2. 促进了学生学习能力的提高和学习方式的转变

"因为学生是有思想的能动的认识主体，是教学过程的积极参与者。教师只有指导学生自己去学习，把学生推到学习的主动地位，才能有效地培养学生独立获取知识和独立应用知识的能力。"实验活动激发了学生的学习兴趣，调动了学生的主观能动性，学生深知现在所学知识对将来适应社会具有重大意义，学生的自学能力得到了很大提高。在"以学定教，以教促学"这一核心理念的指导下，课堂中教师的教学行为有了明显的变化，由此带来的是：学生学习和生活的联系得到了沟通，学习的兴趣得到了提高，学习的差异得到了尊重，学习的空间得到了拓展，学习的潜能得到了开发，良好的学习习惯得到了培养。更重要的是，学生的学习态度和自主意识得到了明显的转变，自主、合作、探究的学习方式正在逐步形成。

3. 提高了学习效率

学习效率就是在确定教学与学习目标是科学的、合理的前提下，每个学生对教学与学习目标的实际达成度之和与全体学生应达成的教学与学习目标之和的比值。学习是学生自觉、积极、主动的心理认知活动，学生只有分析、理解并掌握了学科的结构与规律之后，才能进行"有意义的学习"，才能激发思维与智力的发展，加速学习进程，提高学习效率。在实验中，实验教师积极引导学生自觉、主动地分析、理解并掌握学科的结构与规律，极大地激发了学生的思维与智力的发展，加速了学习进程，提高了学生的学习效率。

4. 教师教研水平上了一个大台阶

为了教改实验的顺利进行，参加实验的教师学理论、查资料，不断充电，丰富自己的内涵，提高学术水平，撰写了数篇相关学术论文，并在省级以上刊物上发表或获奖。

"自主参与型提高学生学习效率研究"实验已取得了初步成效，但也发现，由于学习兴趣的激发，有少数学生出现了偏科现象，这需要我们尽快解决，有待于我们今后继续去探讨，力争在新一轮的实践中得到较满意的答案。

重新唤醒老教师的创业热情

一、案例描述

2013年3月2日，伴随一曲"祝你生日快乐"的音乐响起，一场为55岁的王××老师举办的短暂而别开生面的生日茶话会在我镇前菅小学会议室召开。作为镇中心学校的校长，我也来到了现场，带来一束鲜花与生日蛋糕，并送上一份真挚的生日祝福。

镇中心学校把握教育发展主题，出台了一系列鼓励广大教师干事创业的措施，其中面对当前我镇老教师较多且工作动力不足、职业倦怠的现状，学校制定了为50周岁以上在职在岗教师"贺生辰、送祝福"的活动方案，这样，老教师生日那天就会收到一份饱含工作肯定的衷心祝福。

二、分析与评价

2012年9月，我来到了工作相对滞后的流坡坞镇中心学校，经过一段时间的工作调研，发现全镇203名在岗教师中，48岁以上的多达95人，已占整个教师队伍的47%，30岁以下的青年教师仅有17人。前菅小学全体在编在岗教师平均年龄竟达52岁，老龄化可谓非常严重，教师队伍的年龄结构已呈现出不合理性。通过各种教育媒体，我了解到这种状况当前在我国农村小学中是一种普遍现象。

老教师们见证了我国教育改革的发展，目前仍是农村小学的中坚力量，是学校教育的宝贵资源。这支年老的队伍直接关系到我镇教育教学质量的优劣，也决定着全镇教育后续发展的前景。但随着年龄的增长、身体的亚健康化，还有晋职晋级的无望，继而伴随一些教学新秀逐渐走上前台，以及诸多教育活动的年龄限制，老教师不可避免地受到一些漠视，内心产生丝丝失落感，从教之初的豪情壮志减弱了，桃李满天下的希冀淡漠了，安于现状、平淡无为、得过且过的想法增多了，自我评价的标准降低了。其实，老教师辛辛苦苦地工作了一辈子，内心是极其渴望得到认同和重视的，他们虽未成为教育名家，但在实践中积累的本土化的丰富经验是非常宝贵的资源，因此尊重老教师劳动，肯定历史功绩，探索激励老教师教育激情的方法途径，支持老教师继续寻找和实现自我的价值，重新焕发生命活力，是校长应尽的职责和义务。

现代管理理念认为，团队管理三分靠制度，七分靠感情，制度管理规范人，人文管理激励人，学校的发展起步于制度建设，提高于人文关怀。从心理学的角度看，人的情感调节着人的行为，无形的感情投资有时比有形的物质联系更能维系人心。

管理的核心在于尊重人。李希贵主张："教师第一，学生第二。"学校把教师放在第一位的时候，教师也会把学生放在第一位。作为当代校长如果创新思维，树立"以师为本"的理念，就能成就教师，进而成就学生，成就学校，当然也成就校长。因此，现阶段能否做好调动老教师工作积极性这篇文章关系着我镇教育的盛衰，如何对待老教师这个昔日"功劳群体"是校长必须重视的问题。

基于以上调研与理论分析，我们学校格外尊重老教师，关心老教师，时时了解他们的艰辛与冷暖，帮助他们解决家庭、工作的困难和问题，使美丽校园成为他们的精神家园。我们开展了"最美夕阳红"评选活动，对工作成绩优秀的老教师，大张旗鼓地给予精神鼓励，用宣传栏、广播站、感谢信等形式宣传他们事迹，让他们的家庭成员、家庭所在村庄共同分享喜悦，共同分享幸福，在社会上为老教师赢得尊严。在广泛征求意见的基础上，我校尝试出台了激励老教师教育情怀的"贺生辰、送祝福"活动方案，为老教师送去生日祝福，感谢他们的辛勤付出。

三、实施效果

"感人心者，莫先乎情，莫始乎言，莫切乎声，莫深乎义。"学校的人文关怀凝聚了人心、集聚了力量，赢得了老教师的个性化工作。经过一年多"暖心工程"的实施与评估，我镇在岗老教师们感觉幸福指数提高了。他们感受到了大家庭的温馨，又回到了激情燃烧的岁月，如今在各自岗位上人尽其才、人尽其力，演绎着当代"老骥伏枥，志在千里；烈士暮年，壮心不已"的情怀，发挥其传、帮、带的作用，促使一批年轻教师脱颖而出。

可能这些举措未必是长久的最佳激励方式，但在我镇的当下，却是一种有效的尝试。之后配套出台实施的各定点校"周效能提升机制"，由于融入了老教师的参与元素，进一步营造了老教师干事创业的教科研氛围，全镇教育教学面貌焕然一新，成为全县教体系统一道亮丽的风景。

摒弃课堂"软暴力" 打造育人新环境

不知从什么时候开始，"软暴力"一词在社会上广为流传。一切区别于肢体暴力伤害他人的行为，比如不恰当的语言、神态、表情、文字等给人造成的伤害，都可以算作"软暴力"。这种暴力还有一个更显著的特点，那就是它潜在的危害常常被忽视，甚至有时候仅仅会被界定为一种"不良习惯"。如今，学校内"软暴力"，尤其是课堂"软暴力"也引起了全社会的关注，因为学生的在校活动主要是在师生互动的课堂上。

一、案例

场景一：忘记带作业了

有这样一节课，张老师上完新课后，检查周末作业。别的同学都把自己的作业工工整整地摆在了课桌上，唯独小云的课桌上没有。

张老师问道："你的作业呢？怎么不摆出来？"

小云怯生生地答道："我没带。"

张老师于是提高嗓门追问道："你为什么没带呢？"

小云此刻变得结巴起来："我……忘记了。"

此时，张老师火冒三丈："你长脑子了吗？你怎么忘不了吃饭呀？"

可怜的小云没有获得更多的解释机会，更没有获得老师的谅解和理解，红着眼睛无语，头垂得低低的。不一会儿，泪水一滴一滴地落下来。

整个班内鸦雀无声。

场景二：她没有完成练习

同在我校，三年级的一节语文课上，上课伊始，各排的排长向我报告周末语文实践练习完成的情况。这时天真的语文课代表小玉说："老师，小洁检查别人的练习，但她自己没有完成。"

我有点愕然，因为小洁同学也是语文课代表，与小玉是好朋友，一直是大家的表率。于是，我走向已悄然站起身的小洁，轻声问道："小洁，小玉说得是真的吗？"

这时，我发现小洁眼圈发红，就差泪水夺眶而出了，可能是怕老师批评吧。见此情景，我意识到一向积极的小洁一定有其原委。于是，我示意小洁坐下，并关切地问道："能告诉老师原因吗？"

"老师，我爸妈在北京打工（这里的孩子好多是留守儿童），这两天我一直跟爷爷、奶奶浇地，安水泵、卷送水带，爷爷和奶奶岁数大了。"小洁哽咽着说。

多么懂事的孩子！可能是同学们也听到了，教室里响起了热烈的掌声。此刻，一颗颗晶莹的泪珠从小洁眼中滚落并擦过微笑的脸颊。

此情此景，我还用说什么吗？

二、分析与评价

两个课堂片段，由于教师不同的育人态度与教育语言，演绎了不同的故事内涵，给予了两个学生甚至于全体同学不一样的心灵感受。在场景一中，老师的不理解、不宽容给孩子带来的是比单纯的硬暴力更大、更持久的伤害，也许孩子脑海中由此会烙上难以抹去的阴影；在场景二中，老师尊重学生的心声，和风细雨给予学生心灵的呵护，并由此生成了一个意想不到的精彩育人瞬间。

当前，我国的有关法律法规，比如《中华人民共和国未成年人保护法》《山东省未成年人保护条例》，对学校和教师要保护学生的合法权利、不得歧视或侮辱学生等都有明确的规定。2010年修订的《山东省未成年人保护条例》第十九条指出："学校、幼儿园、托儿所的教职员工应当恪守职业道德，以良好的品行影响和教育未成年人；尊重未成年人的人格尊严，不得对未成年人实施体罚、变相体罚或者其他侮辱人格尊严的行为。"各地教育管理部门也推出一系列的措施，提高广大教师的法制意识和师德水平，杜绝教师讽刺、挖苦、侮辱学生。

在当前依法治校的形势下，因为硬暴力的违法明朗性，课堂上体罚学生的行为几乎没有了。但对中小学生，尤其是小学生的"软暴力"伤害却时有发生，因为这种"软暴力"的隐蔽性与教师可能还意识不到的所谓育人假象，常被人忽视。教师一句嘲笑的话、一个蔑视的眼神，都可能引起他们内心的波澜。若是某些"过分"的教师对学生横眉冷对，或者对学生不理不睬，那就很有可能伤害学生的自尊和自信。比如说，"如果再背不过课文，这个班级就不要你了，或这个小组就不要他了，别拽住班级的后退。"如此种种，伤害的是学生，降低的是教师的威信，若学生长久沉浸在这种语言"软暴力"环境中，他的思想只能走向麻木或孕育憎恨，或者一旦学生承受不了这不该承受的压力，就有可能酿成悲剧，"心罚"的危害往往甚于体罚。

基于此，我们学校根据时代发展对师德的要求，制定了《师德建设提高年实施方案》，旨在建新型师生关系，塑新时期教师形象。在《师德建设提高年实施方案》中，学校直接对接课堂，开展了"倡导文明用语，严防'软暴力'伤害"活动，以期将校园特别是课堂"软暴力"对学生的伤害降至最低。这次活动对教师提出了"十忌"要求，明令教师在讲课、教育学生时，不得使用讽刺性、侮辱性、蔑视性、过激性、恐吓性、指责性、训斥性、污秽性的语言；在和学生家长沟通时，不得使用不负责任的告状式的语言。

其实，"十忌"的落脚点在"关爱学生"与"为人师表"上，这也是《中小学教师职业道德规范》的核心理念，是立德树人的体现。

此外，为了摒弃课堂教师"软暴力"，净化课堂育人环境，我们学校还完善了以培养学生的人文情感、创新思维能力等为目的多渠道考核评价机制，避免教师为评先进、评职晋级对分数过分追求而出现不恰当的"软暴力"行为，鼓励教师多读书，学习教育技巧和教育方法，提高教书育人的能力，大力实施素质教育。

三、效果

活动开展以后，有教师感慨地说：原来真没想到，不经意的一句话都可能会对学生的心灵造成很大的伤害，严重的竟然还会导致学生厌学甚至休学。对学生，我们真的应该付出更多的关爱。

有的教师说：为了学生健康地成长，我们真的应该反思一下自己固有的教学行为了，要用多元化的眼光看待学生。

目前，我们学校教师课堂用语日趋规范，课堂育人环境得到了净化，被撕下美丽外衣的"软暴力"远离了课堂，包含教育智慧与师爱的教师语言、行为充满了课堂，学生的脸上展现了更多的阳光笑容。

《福楼拜家的星期天》说课方案

我将从教材分析、学情分析、教学分析、教法设计、学法设计、教学流程六个方面进行说课。

一、教材分析

法国作家莫泊桑的《福楼拜家的星期天》，选自人教版教科书语文七年级下册第三单元的第四课，该单元以杰出人物为题材。这是一篇描写人物的记叙文，又是自读课文。作者抓住福楼拜、屠格涅夫、都德、左拉四位作家的性格特征，各有侧重地描写他们的肖像、行动和语言，并穿插了议论和抒情，鲜明地表现了他们各自的性格特征。

二、学情分析

经过一个多学期的语文学习，学生已渐渐适应了初中的学习生活，接触了一些基本的文章类型，掌握了一些基本的阅读技巧，初步具备了获取、筛选、分析及处理信息的能力。通过本单元前面三篇课文的学习，学生对描写人物的方法有了一定的了解，本课就是在此基础上，指导学生学习同时描写几位人物的写作手法，同时，使学生树立健康、高尚的情感、态度、价值观。

三、教学分析

1.教学目标

通过对文本和学情的分析，我确定了本节课的教学目标：

知识目标：学会生字词，理解课文内容，能够正确、流利、有感情地朗读课文。

能力目标：学习本文抓住人物的性格特征进行肖像、行动和语言描写的方法，详略得当。注重感悟并发表自己的见解，体会课文的表达方式，培养合作探究的能力。学习在叙述、描写中插入抒情、议论的写法。

情感目标（人文目标）：通过对文章的综合性学习，开放课堂，利用各种课程资源，培养学生正确的情感、态度、价值观。

2. 教学重点

学习本文抓住人物的性格特征进行肖像、动作和语言描写的方法，详略得当。

3. 教学难点

学习在叙述、描写中插入抒情、议论的写作手法。

四、教法设计

针对语文人文性与工具性相统一的性质，结合本文课例特点，在小组合作式、讨论式教学的基础上，结合创新教育理论，我在课堂教学中采用自读感悟式，注重学生读的优化训练，以读代讲。课堂上提倡合作探究，允许下位置交流意见。根据"大语文观"的要求，将课外与课内相结合，将课堂教学与写作相结合，以深化学生对文章的理解，提高学生写作能力，深化对学生心灵的影响。

1. 教学方法

以阅读法和发现法为主，以讲解法、谈话法、练习法为辅。

2. 教学器具

多媒体设备。

五、学法设计

自主探究学习理论认为："只有学会的，没有教会的。"可见，学习的基础是自主，而学习的关键也是自主。根据创新学习的思想，我在教学中采用自主、合作、探究的学习方法，进行综合性学习、研究性学习，以达到突出重点，突破难点，培养学生的实践探究能力和独立思考能力，使学生养成自主、合作、探究的学习习惯。

六、教学流程

基于以上教法学法的选择，我设计了如下教学流程。

1. 导入新课

本课导入，我从欣赏学生的作品开始，学生便一下子进入了角色。我和同学们坐在一起，共同欣赏、议论学生作文，打破了传统导入的局限，创设了一种民主、开放、自由的学习氛围。学生在欣赏了自己的作文以后，迫切想知道同样类型的文章，作家莫泊桑又是怎样写的呢？这种求知的渴望与需要，激发了学生学习的强大动力，使学生主动、自觉地进入下一环节——新课的学习。

2. 整体感知

新课程标准要求，我们要转变教学观念，真正落实学生主体地位，树立教为学服务的思想，转变师生角色，真正体现师生平等，教学民主。为此，我让学生带着以下问题自由朗读课文。

（1）故事发生的时间、地点。

（2）故事中的核心人物以及依次出场的人物。

（3）出场的标志性词语。

（4）简要概括故事大意。

此四题意在使学生对课文有整体认识，理清思路。（需时5分钟）

3. 合作探究

（1）展示课本上的插图，让学生找找图上共有几个人，课文中又写了几个人，学生就会发现插图上多了一个人，这时就可以引导学生得出多出来的那位就是作者莫泊桑的结论。（需时1分钟）

（2）让学生猜测插图上剩下来的四位分别是谁，要求从课文中找到判断的依据，用不同的标记圈点出来，意在使学生产生好奇心，提高学生学习的主动性和积极性，更好地感知课文。（需时6分钟）

（3）以四人小组为单位，交流、讨论各自的猜测及判断依据。通过四人小组的讨论，学生在彼此的交流中积极探索，互帮互助。（需时5分钟）

（4）全班交流、讨论并确定结论及判断依据。（需时5分钟）

（5）分别展示四人的图片和简介，让学生在了解他们的同时可以对照图片和插图，加深印象。

（6）让学生根据有关人物描写的语句来概括他们各自的性格特征，意在使学生学习本文的写作手法，即通过人物的肖像、动作和语言描写来体现人物的性格特征，而且可以在记叙、描写时加入自己的主观感受，插入议论和抒情。（需时5分钟）

在以上两个环节，我作为教学的促进者、参与者，深入学生中间，与学生一起学习，共同讨论，相机点拨、引导，尽可能地激发学生的学习兴趣与热情。

4. 拓展延伸

（1）以班中的某个学生为对象，学习文中的写作方法，抓住人物的特征进行描写，可以加入自己的主观感受，或抒情或议论，写100字左右的小片段。（需时8分钟）

（2）挑选几个学生读一读自己写的片段，让其余学生来猜猜他（她）是谁，检验学生的学习收获。（需时5分钟）

本文教学，我努力体现以下教学特色：采用小组合作教学模式，以阅读法和发现法为主，鼓励学生既独立思考又合作交流，充分体现了学生的主体地位。学生们通过正确、流利、有感情地朗读课文，初步掌握了抓住人物的性格特征进行肖像、动作和语言描写的方法，提高了写作的素养，同时对本文的学习进行了梳理与巩固，远远胜过教师的讲解。在师生共同讨论环节，学生们畅所欲言，自由、充分地发表自己的见解，更激发了他们学习、钻研的热情，同时培养了他们合作与钻研的精神。本文教学我摒弃了教师的详细分析、讲解，侧重学生的自读感悟与合作探究，以学生的思想为课堂主线，以学生活动为课堂主体。因而，本文教学具有极大的开放性、灵活性，教师也真正成为学习的促进者与参与者。

《过零丁洋》教学设计

一、教学目标

（1）了解律诗特点，初步把握律诗基本常识。

（2）认真看注解，反复朗诵诗歌，领略诗人在诗中所表达的思想感情。

（3）学会有感情地诵读诗歌，能在诵读中较准确地把握诗人的思想感情。深入理解诗歌的思想主题，并学会对名句进行赏析，激发灵性，陶冶情操，丰富文化积累。

二、教学重点

理解诗歌中的名句及内涵，准确把握诗中情感，真正有感情地朗诵诗歌。

三、教学难点

培养学生品味语言、鉴赏诗歌的能力。

四、教学方法

诵读法、讨论法。

五、课时安排

1课时。

六、教学辅助手段

相关图片、背景音乐等。

七、预习要求

（1）朗读全文，体会本篇的感情。

（2）搜集有关爱国的古代诗词、歌词等。

八、教学过程

课前，播放歌曲《滚滚长江东逝水》

1.导入示例

"滚滚长江东逝水，浪花淘尽英雄。"历史的长河滚滚而逝，有多少英雄正如翻飞的浪花般无影无踪。成也好，败也罢，能够永远留在人们心中的依旧是那些慷慨正气、一心为国为民的英雄。今天我们就翻开历史的画卷，走进南宋时期的一位民族英雄，一起学习他那悲壮的诗篇，一起感受他那崇高的人格，他就是文天祥。

2.简介作者及背景

（1）作者简介

文天祥（1236—1283），字履善，又字宋瑞，号文山，庐陵（今江西省吉安市）人。二十岁考中状元，官至右丞相兼枢密使。祥兴元年（1278）冬，在广东潮阳兵败被俘。元将张弘范劝他写信招降张世杰，文天祥拒绝。次年被送至大都（今北京市），囚禁四年，始终坚贞不屈，被元军杀害。其作品有《正气歌》《指南录》《过零丁洋》等。文天祥的著作经后人整理，被辑为《文山先生全集》等。

（2）写作背景

这首诗作于1279年，即文天祥被元军所俘的第二年正月过零丁洋时。当时，元军统帅张弘范逼迫文天祥写信，招降宋朝正在海上坚持抵抗的将领张世杰，文天祥坚决拒绝，说："我不能保护父母，难道还教别人背叛父母吗？"于是写下了这首诗以表明自己的心志，张弘范看后，连声称赞"好人！好诗"！

3. 诵读，感知全诗

（1）听录音。（学生静静地欣赏，并正音正字，认真揣摩朗读时的语气、语调）

（2）指导学生朗读。

① 请四个同学分别朗读诗，大家评议（指导学生从节奏、咬字、感情、重音等方面来评价）。

辛苦遭逢 / 起一经，干戈寥落 / 四周星。

山河破碎 / 风飘絮，身世浮沉 / 雨打萍。

惶恐滩头 / 说惶恐，零丁洋里 / 叹零丁。

人生自古 / 谁无死，留取丹心 / 照汗青。（最后两句要节奏放慢，但要大声）

② 全班齐读。师指导朗读技巧。（把握节奏，读准字音，读出感情）

4. 看注解，了解诗歌内容

（1）学生边看注解，边理解诗句的意思。

（2）板书出示补充注解，理解加点字词的意思。

遭逢：遭遇，指被朝廷选拔。干戈：古代兵器。

寥落：荒凉冷落。　　　　　四周星：四年。

身世：个人的遭遇命运。　　零丁：孤苦无依的样子。

汗青：史册。古代在竹简上记事，制作竹简时，用火烘烤青竹片，水分冒出如汗水，所以称竹简为"汗青"。

5. 精读，把握全诗意思

（1）总体把握：该诗表达了诗人怎样的思想感情？

讨论明确：慨叹抗元事业的失败，表达了宁死不屈的坚强决心。（这一点学生比较容易把握，不必花太多时间）

（2）具体把握：小组讨论交流，组织班级交流。

学生活动：每小组推荐一名代表在班级发言。

教师适时点评，加以引导。（在交流中穿插幻灯投影，介绍背景材料，帮助学生了解写作背景、诗人身世，正确理解诗歌内涵）

① 此诗首联写了个人和国家的哪两件大事？

一是在他21岁时，因科举走入仕途；二是在国家危急存亡关头，起兵勤王抗元。

② 颔联两句有何联系？用了什么修辞手法？

国家山河支离破碎，危在旦夕，个人命运也动荡不安，国家命运和个人命运紧密相连，历经艰辛危苦。"风飘絮"形容国势如柳絮飘散，无可挽回；"雨打萍"比喻自己身世坎坷如雨中浮萍漂泊无根，时起时沉。用了比喻的修辞手法。

（可同学生讲解诗歌的意象与意境的联系，特定的意象往往有其特定的表情作用，如本诗的"飘絮"与"浮萍"一般指坎坷的命运或不顺的仕途）

③ 颈联在构思上有什么特点？

颈联上句追忆当年兵败惶恐滩时，忧念国事的心情，下句写目前不幸被俘的孤独处境。诗歌很巧妙地借惶恐滩和零丁洋两个地名，写出了形势的险恶和境况的危苦。可见，诗中"惶恐""零丁"具有双重含义。

（可联系杜甫的《闻官军收河南河北》中的"即从巴峡穿巫峡，便下襄阳向洛阳"，文天祥的诗句更胜一筹：他可能是受到老杜的这种"四柱对"的影响，但他并不是简单重复，杜甫的诗只是两组现成的地名，而文天祥则是把两个地名转化为两种心情）

④ 尾联是千古传诵的名句，抒发了作者怎样的思想感情？

作者直抒胸臆，表明自己以死明志的决心，充分体现他的民族气节。这两句是全诗的文眼句。这首诗之所以能够流传千古，就在于他的精神境界、高尚的情操和舍生取义的生死观！

6. 品读，体会诗歌主题

自由朗读，边读边思，并结合有关资料，思考：该诗最能体现爱国深情的句子是什么？为什么？（组织班级交流，发挥想象，感受意境，联系实际，体会真情。教师适当点拨加以引导）讨论明确：主旨句是"人生自古谁无死，留取丹心照汗青"。表面上看，诗句毫无技巧，直抒胸臆，但这首诗最具震撼力就是这两句统一为人格的宣言。一个"照"字用得很自然，不着痕迹。"丹心"和"汗青"的光，二者相映衬，在色彩上自然地构成和谐的反衬。全诗抒发了诗人的忧国之痛和愿意以死明志、为国捐躯的豪情壮志。（我们要怀有怎样的情感来读呢？要求：学生试读，教师再指点读，读中体会其情感）

7. 拓展延伸

全班交流所收集的有关爱国或不折气节的名人或诗词等资料。

事例：屈原宁为玉碎，不为瓦全，毅然抱石投江；苏武执汉节牧羊十九年；岳飞精忠报国最终死在风波亭上；陆游临死不忘国家统一；朱自清宁可饿死，也不吃美国的救济粮；刘胡兰在敌人铡刀下慷慨就义。

诗句：

安能摧眉折腰事权贵，使我不得开心颜。（李白《梦游天姥吟留别》）

宁可枝头抱香死，何曾吹落北风中。（郑思肖《画菊》）

生当作人杰，死亦为鬼雄。（李清照《乌江》）

王师北定中原日，家祭无忘告乃翁。（陆游《示儿》）

粉骨碎身浑不怕，要留清白在人间。（于谦《石灰吟》）

人不可有傲气，但不可无傲骨。（徐悲鸿）

（课堂预测：这一环节学生可能会有很多事例和诗句，因为现在学生中有资料的情况比较多，这部分可抽学生回答。另外，教师可按以下分类：舍生取义的人生观、坚贞不屈的民族观、以身殉国的浩然正气。这样可避免混糊重复）

8. 课堂总结，培养学生的爱国情

同学们，一曲《过零丁洋》让我们的内心受到了深深的震撼！文天祥的躯体倒下了，但是他的精神却升上了历史的高度。在这样和平安的年代里，我们应该更爱我们的祖国。我们每一个同学都应该"志当存高远"，树立报效祖国的远大理想，勤奋进取，努力学习，为振兴中华打好坚实的文化基础。愿同学们早日成材，梦想成真！

9. 布置作业

反复朗读，背诵全文。

九、板书设计

过零丁洋

首联——回顾一生深挚沉痛

颔联——国破家亡坎坷辛酸　　丹心垂史

颈联——追忆过去悲愤忧惧　　映照千古

尾联——感叹眼前以死名志　　激情慷慨

《民为贵》教学设计

一、学习目标

（1）熟读课文，理解作者所持有的观点。

（2）纵贯古今，感悟"民为贵"思想的体现。

（3）了解中华民族优秀传统文化的精华所在，丰富学生的政治素养，懂得长大后怎样报效祖国、报效人民。

二、教学过程

1. 导入

同学们喜不喜欢看动画片？（喜欢！）

看动画片《哪吒传奇》片段，并说说两位君王中喜欢哪一个，为什么？（小组加分）

根据学生的回答，教师概括：纣王因暴政失去了天下，周武王因爱戴人民而得到了天下。爱民者得天下。伟大的思想家孟子根据历史的成败，提出了"民为贵"的观点。今天我们继续学习《孟子》的有关内容，共同来感悟孟子思想的魅力所在。（板书课题）

2. 学习

（1）作者

（2）读文

第一步：学生自由读。要求：读准、读畅。

（这一步教师对学生个别指导读音）

第二步：点名读、齐读。（师评、生评，小组加分）

第三步：学生再读文本，要求：读懂。

思考问题：你认为孟子想通过这篇文章告诉我们什么道理？

（3）谈理

归纳总结：这就是孟子的"民本思想"。（板书"民本思想"）后人常说，"得民心者得天下，失民心者失天下"，你能举几个这样的例子吗？

要求：小组内合作交流，每组选出一至两个人物，并具体说说他们是怎样对待人民的。（小组加分）

过渡：古往今来，不少学者对"民本思想"的发展做出了积极贡献，比如荀子、黄宗羲、顾炎武等，他们传承并发展了"民本思想"。

（4）升华

伟大领袖毛主席说过："人民，只有人民，才是创造世界历史的真正动力。"至此，"民本思想"已经升华为"为人民服务"。（板书"为人民服务"）正因为有这种情怀，所以中国人民选择了中国共产党。

（5）感悟

看当今政策，感悟"民为贵"思想在新中国的体现。

① "俱往矣，数风流人物，还看今朝。" 21世纪的中国，人民过着幸福安康的生活，这与共产党人"不忘初心、牢记使命，为人民群众谋幸福，为中华民族谋复兴"的努力是分不开的。

2012年习近平总书记在中外记者见面会上强调："人民对美好生活的向往，就是我们的奋斗目标。"我们的总书记是这么说的，也是这么做的。请看：（播放2016年春节前夕习近平总书记到江西考察民情的新闻报道）

画外音：在春节这个特殊的日子里，我们的总书记不顾旅途劳累，来到江西体察民情，与江西的父老乡亲们在一起拉家常、看表演、过春节。我们的总书记心里时刻牵挂的就是我们这些最最普通的老百姓！这就是我们的领袖，这就是我们的党！

② 为了改善人民的生活，中国共产党制定了一系列的惠民政策，想方设法提高人民的幸福指数，这些发生在我们身边的变化，你都知道哪些？（学生

自由说）

教师展示相关政策的资料，再次深刻体会党领导下的幸福生活，激发学生热爱党、热爱祖国的感情。

（6）学用

立党为公，执政为民，受益的是我们老百姓，这是大家。大到一个国家，小到一个集体，管理的道理是一样的。请以"假如我是……，我要……"的句式说一段话，体现"民为贵"思想。

出示：假如我是＿＿＿＿＿＿＿（班长、校长、村主任、镇长……），我要＿＿＿＿＿＿＿＿＿＿（小组加分）

（7）引领

教师根据学生的回答引到"假如我是一个普通人，我要……"引领学生深刻体会孟子思想可引申为"心中有他人"（板书"心中有他人"）。

（8）共读

至此，相信同学们对孟子的"民为贵"思想有了全面深刻的认识，让我们怀着对孟子和传统文化的敬仰，再次大声朗读课文。（师生共读）

（9）延伸

中华民族传统文化源远流长，博大精深。今天我们学习的孟子的《民为贵》只是传统文化中一颗璀璨的明珠。伟大的劳动人民创造了灿烂的中华文明，下面让我们共同来欣赏人民创造的精华吧！

（配以歌曲《中国人》，欣赏图片，直观感受人民的伟大，激发学生更加热爱人民，更加热爱伟大的祖国）

（10）小结

孔孟思想不仅对中华文明，而且对世界文化都产生了极大的影响，进一步激发学生的民族自豪感。

简单概括孟子的"民本思想"，感悟中国共产党人的"全心全意为人民服务"的宗旨，引导学生在日常学习生活中要做到"心中有他人"。（评价小组）

3. 实践

党的十九大刚刚结束，全国各地掀起了学习贯彻十九大的热潮。在班会课上，教师组织学生开展一次演讲比赛，演讲的主题是"官与民"，要注意体现民本思想。

《我们去旅行》教学设计

一、教学目标

知识目标：学看《中国交通图》，了解我国的交通运输网。

过程与方法目标：培养学生运用所学的交通知识合理探究解决生活中问题的能力，培养学生与人合作、搜集资料、整理资料的能力。

情感态度价值观目标：培养学生热爱祖国的良好品质，让学生深刻感受随着现代交通运输的发展，交通运输的方式向着多元化的方向发展。

二、教学过程

1. 导入新课

师：同学们，你们喜欢旅行吗？都去过哪些地方？

生：……

师：老师给大家带来了一组图片，大家一起看一下？（学生欣赏图片）

（课件中显示：北京天安门、上海东方明珠、南京长江大桥、桂林山水、杭州西湖、滨州蒲园、阳信梨园等国家著名风景区）

师：图片中的景色美不美丽？

生：美丽……

师：这么美丽的地方想不想去看一看？

生：想。

2. 进入主题活动

主题活动一：地图线路知识大展示

师：祖国这么大，我想去看看！这节课我们就一起学习：我们去旅行。

（师板书课题）

我们的祖国风景如画，这不，五一长假马上来临，时光正好，在这春暖花开、阳光明媚的美好日子里，如果父母有时间带你去旅行，你最想去哪里？（学生口答）

师：想让我们的旅行更顺利、更快乐，我们要事先做好充分的准备工作。课前我们搜集了交通知识的相关资料，并划分了小组：

主题一：交通符号组

主题二：铁路组

主题三：公路组

主题四：航海、航空组

（为每个小组设计好预习单）

师：下面请每个同学拿出你的预习资料单，请看老师的温馨提示。

（课件显示温馨提示的内容）

主题一：交通符号组

（1）《中国交通图》的方向是_____，_____。

（2）公路用_____符号表示。

（3）铁路用_____符号表示。

（4）航空线用_____符号表示。

（5）航海线用_____符号表示。

（6）图例一般在地图上的_____（位置）。

主题二：铁路组

（1）我国已经建成纵贯南北、横跨东西的铁路运输网，铁路的总里程达_____km。

（2）我了解到的南北方向的铁路线有_____，_____，_____。

（3）东西方向的铁路线有_____，_____，_____。

（4）在中国交通图或铁路交通图上找到这些铁路线。

（说明：①铁路线都是以铁路的起点与终点来命名。②两条铁路如果是相连的，用一条短横线将他们连接起来。③铁路线的第一个字和最后一个字是起点和终点城市所在省的简称或这个城市的第一个字来命名）

学生汇报完后，教师补充并小结（课件展示中国铁路交通图，设计动态的线，标明五条铁路线）教师一边演示一边讲解铁路线的命名。

（课件显示阳信县火车站图片，大家可以坐着火车去北京、东营）

主题三：公路组

（1）目前，我国的公路运输网四通八达，国家的公路干线（国道）共有_____条，其中，以北京为中心的有_____条，南北延伸的有_____条，沟通东西的有_____条。

（2）你知道哪些高速公路的名称？_____

（3）如此四通八达的公路运输网给人们的生活带来了什么？_____

教师补充学生身边的高速公路知识。

师小结：条条公路连着你我他，促进了国家经济的发展，让我们享受到了高速、安全和顺畅的交通。

（课件展示滨州的高速公路入口、出口图，了解高速就在我们身边）

主题四：航海航空组

（1）我国重要的海洋运输港口城市有_____、_____、_____、_____、_____。

（2）我还知道的港口城市有_____、_____、_____。

（3）我知道滨州的港口码头在_____。

（4）我知道的飞机场_____、_____、_____。

（5）我们滨州人要想坐飞机外出需到_____飞机场。

（课件展示：航海航空交通图，动态标明港口城市及主要飞机场所在城市）

师：我国的海岸线很长，南方和北方都有许多天然良港，为人们的出行和货物的运输提供了极大的便利。

（课件展示滨州港口图片，加以说明）

师：同学们，你们看，铁路、公路、航海航空等交通线，就像人体中的血管一样，是一个国家或地区的经济命脉，为人们的出行和物资交流提供了极大的便利。

主题活动二：设计旅游路线

（1）师：通过刚才的资料分享，大家增长了许多知识，相信对我们外出旅行有很大的帮助。下面咱们就来制订个五一小长假家庭旅行计划：

交通工具	飞机	火车	汽车	轮船
特点	快	较快	慢	最慢
价格	最高	便宜	高	最便宜
备注	航空线路 速度快 适合远距离出行	铁路线路 经济实用 出行的主要交通工具	公路线路 适合短距离出行	航海线路 适合大宗货物的运输

我准备乘坐_____，选择线路_____，去_____旅游。

我这样做的理由是：_____

_____。

（2）学生自己在组内完成家庭旅行计划，填写计划前，请注意老师的温馨提示。

（3）下面开始设计啦！

学生自己填写计划表，老师深入学生小组内指导。

（4）学生汇报。

师：好，哪个同学先向同学们说下自己的旅行计划。生1答。

师：大家有什么不同的选择吗，也可说一说。生2答。生3答。

师要对学生的旅行计划给予合理科学的指导，如在同学们的帮助下，××同学找出了最方便的出游路线以及最舒服的出游方式。

3. 课堂总结

播放一段祖国交通飞速发展的视频（有高速公路、有复兴号列车、有飞向蓝天的飞机……）激发学生的情感。

师：同学们，伴随着飞速发展的中国现代交通，要想出去看看，完全可以变成现实，祝愿同学们五一旅行快乐！

三、板书设计

我们去旅行

铁路
公路　　　提供便利
航海
航空

《公共交通有规则》教学设计

一、教学目标

知识与技能目标：

（1）引导学生观察、了解当地交通秩序状况，知道有关的交通常识。

（2）学习与学生密切相关的交通法规，懂得交通法规在现代社会中的重要性。

过程与能力目标：

（1）使学生养成自觉遵守交通法规的良好习惯，提高安全意识，增强自我保护能力。

（2）培养学生搜集和整理信息的能力。

情感态度价值观目标：

（1）懂得现代社会中人人都要自觉遵守交通法规。

（2）明确遵守交通规则的必要性，愿意按交通规则约束自己的行为。

二、教学重点、难点

通过教学，引导学生自觉遵守交通规则，提高安全意识。

三、活动准备

（1）多媒体课件。

（2）教师准备《中华人民共和国道路交通管理条例》部分条文及其他相关交通法规知识资料。

（3）学生搜集上学路上所见到的各种常见交通标志。

四、课前交流

师：孩子们，在学习之前咱们先来做个游戏吧，最简单的石头剪刀布的游戏会不会？我是一方，大家一块出，开始，师出布，同学们不好意思，出石头的同学你就输了，出布的同学你也输了，出剪刀的同学你们也输了。

师：孩子们仔细听我的大"布"把你们的小石头、小布、小剪刀都包起来了。你们服不服？那你们觉得应该怎样做才对呢？

师：刚才大家说的这些都是游戏规则，有了规则我们就能公平地决定出胜负了。

规则是人们在日常生活、工作、学习中必须遵守的科学的、合理的、合法的行为规范和准则，它保证了社会生活、工作、行为有序规范，也是现代精神文明的重要组成部分。

五、教学过程

1. 观看视频，导入新课

师：孩子们，老师给大家带来了一段非常有意思的视频，仔细看，认真听，从视频中你了解到了哪些信息？

（课件播放视频）

师：谁来说一说通过视频，你了解到了什么信息？

生说。

师：是呀，孩子们秩序井然，道路顺畅需要我们行人、车辆了解并遵守很多交通规则，这节课就让我们一起来聊一聊公共交通都有哪些规则。

2. 合作探究

（1）交通法规

师：孩子们，一说到交通规则，相信你们立刻就会想到一些，谁来说一说？

生：红灯停，绿灯行，黄灯亮了等一等；过马路要走斑马线……

师：你说的是交通法规，你说的是交通标志。

师：大家刚才说到的是我们都非常熟悉的，那么还有哪些是我们不熟悉又与我们生活密切相关的呢？课前大家都结合自己的实际情况搜集了很多资料，结合我们这儿的实际情况，向大家介绍一下吧。

生介绍自己搜集的交通法规。

教师适当地分析、归类。

师小结：同学们，刚才大家说到很多交通规则，咱们中国有句古语说得好："不以规矩，不成方圆。"就是说，不论做什么事情都要有规则。现在呢咱们中国讲究依法治国，也就是通过一些法律法规来治理国家，而不是以某一个人的观点来治理。法律就像一把尺子，来规范和约束人们的行为。交通法规就规范了人们的行为，使得交通更加安全顺畅。

（2）交通标志的学习

第四小组的同学还搜集了很多交通标志，让我们一起来了解一下吧。

生1：这是……标志，一般出现在……，提醒大家……

师：同学们仔细观察这些交通标志，你有什么发现？

师：不同的颜色分别代表什么含义呢？

师：蓝色代表指示标志，黄色代表警告标志，红色代表禁令标志。这只是其中一部分，但是咱们以后再见到标志就可以根据颜色推断出它代表的含义。

师：（课件补充）像这一类就是指示标志，这黄色的一类就是警告标志，这红色的标志就是禁令标志。

（课件出示生活中的几个标志，生猜测什么标志及用途）

师：在交通标志的大家族里，每一种标志都通过醒目的、简洁的符号来代表不同的含义、指引我们的交通。

（3）了解交通警察的指挥手势

师：有了交通标志、交通法规这些不说话的朋友的帮助，让我们繁忙的交通畅通无阻。你知道吗？在这背后，还有这样一群人，无论风霜雨雪还是严寒酷暑，他们每天都站在每一个需要他们的地方，他们就是我们交通安宁的守护神——交通警察。

下面我们一起来学习、认识几种常见的交通指挥手势。（课件播放视频）

师：大家都学得有板有眼的，真认真。怎么样，学会了几种指挥手势？看似简单的手势却也不好学，更何况交警每天还要面对复杂多变的交通情况。他们的工作很辛苦，让我们向交警致敬！

3. 辩证分析，学以致用

师：孩子们，你们看我们的出行要遵守交通法规，看好交通标志，还要听从交通警察的指挥。有的人就觉得出个门怎么这么麻烦，要这么多规则管着。于是，就有人这样做了，还有人这样做了。（课件出示图片横穿马路、跨域护栏）引导学生观察违规图片，进行事例分析，培养学生遵守交通法规的自觉性。

生观看，说出自己的发现，你想对他说些什么？

师：现在画面定格在这里，请你设想后面发生了什么情况？

师：出示小组讨论要求。

生：小组讨论（重点分析出事故或无事故的原因及条件）。

生：设想出事故原因（因车速快没刹住车；也许他没事却造成了他人的交通事故；在司机疲劳驾驶的情况下容易出现交通事故；在司机酒后驾车的情况下容易出现交通事故；机械突然失灵；司机和别人说话，精神不集中；突然看到他忙中出错，尤其是新手有可能在慌乱中将刹车踩成油门……）

师：换位思考，假如你是照片中的他，你会这么做吗？出事故的原因中有多少条件是你能控制的？

小结：我们唯一能控制的就是我们自己的行为，遵守交通法规靠自觉。（板书）

师小结：孩子们，交通法规在规范了人们行为的同时，也保障了我们的出行安全。

4. 文明出行，拓展延伸

师：每年12月2日是全国交通安全日，今年的主题就是"摒弃交通陋习，安全文明出行"，你知道人们的出行方式和行为，哪些行为属于安全出行、文明出行的行为？

　　刚才大家说到的这些都是文明出行。大家可不要小看这些文明行为，如果你能事事做到文明，那你就是了不起的人。今年的六一儿童节时，我们的国家主席习近平爷爷在讲话中就倡导我们少年儿童从小做一个讲文明的孩子。文明出行从身边做起，从自己脚下做起。如果人人都能遵守这些法规，那么我们的交通就会更加顺畅。让文明出行成为一种习惯，让我们打造一方平安，共享社会安宁。

《我家买了洗衣机》教学设计

一、教学目标

知识与技能目标：了解洗衣机的种类、工作原理和发展历史。

过程与能力目标：联系生活实际，解决学习中的问题。

情感态度价值观目标：体会科技进步给我们带来的方便，培养学生热爱科学的兴趣。

二、教学重点、难点

了解洗衣机的种类、工作原理和发展历史；建立生活与学习的联系，理解知识来源于生活、服务于生活。

三、活动准备

多媒体课件。

四、教学过程

1. 导入

师：上课，同学们好，很高兴又和大家见面了。同学们请坐。今天老师给大家带来了一段视频。（播视频）看完这段视频，你们有什么想说的吗？下面咱们请视频中的小主人来谈一下自己洗衣服的感受。

生答。

师：说得不错，小件衣服可以直接用手洗，大件衣服选用洗衣机洗，更省力，更省时，更干净。让我们感谢这个同学为我们带来的精彩展示。随着科学技术的发展，像洗衣机这样的科技产品的应用越来越普遍，为我们的生活和工作带来了极大的方便，今天我们就一起来探究"我家买了洗衣机"。（板书课题）

师：课前老师让同学们亲自体验用手洗衣服和用洗衣机洗衣服有什么不同的感受，并采访自己的爸爸妈妈或爷爷奶奶，自从家里买了洗衣机以后，他们有什么感受？哪个同学先来说一下？

生答。

师：是啊，看来奶奶的感受非常深刻呀。奶奶小时候洗衣用木棒拍打、搓板搓洗，人腰酸背痛，手皲裂。现在衣服一放，手指一按，问题就解决了，今天的生活真是太美好了！还有哪个同学再说一下？

生答。

师：对呀，手洗衣服很累，用上洗衣机妈妈不仅轻松多了，还能节省出更多的时间去干一些别的事情，陪我们散步、弹琴，提高了我们的家庭生活质量。

（课件4、散步、弹琴、逛超市图片）

2.活动一

师：我们现在生活在高科技时代里，各种各样的科技产品改变着我们的家庭生活，也改变着我们的社会生活。像洗衣机这么好的一件科技产品，你们都做了哪些研究呢？

生答。

师：课前，每个同学根据自己喜欢的研究主题，组成了学习小组，分别从洗衣机的发展史、洗衣机的种类、洗衣机的工作原理三个方面布置了大家进行搜集，老师也搜集了一些资料，做成了资料袋，下面各小组拿出自己的资料进行汇总归类整理，如果有需要也可以从老师提供的资料袋中提取。来，看老师的温馨提示（出示课件）哪个同学来读一下？

① 在小组内汇总整理搜集的资料，也可以到老师提供的资料袋中提取资料来补充。

② 汇报方式可以是展示图片、实物、体验等形式，根据你们的资料来选

择恰当的汇报形式。

③ 汇报时小组成员必须分工合作，全体参与，其他同学要认真倾听，及时质疑补充。

生读。

师：现在开始，五分钟后，音乐响起，交流结束，各小组做好汇报准备。

学生归类整理。

师：好，时间到，哪个小组先来汇报？

洗衣机发展史小组汇报。

师：洗机衣发展史小组从哪个方面进行汇报的？用了什么汇报形式？谁来点评一下他们组的汇报情况？

生点评。

师：他们小组还带来了搓衣板，哪个同学上台来体验一下？你有什么感受呀？

生体验并回答。

师：对呀，还是用洗衣机更方便。

师：老师也搜集了一些洗衣机发展史的资料，大家来看一下。

（课件展示：古时候人们洗衣用木棒敲，十九世纪发明手转动摇手柄的洗衣机，1901年发明电动洗衣机，后来发明了甩干机、烘干机、全自动洗衣机。洗衣机的发展经历了一个漫长的过程，这些无不凝聚着人们对美好生活的追求和向往。洗衣机的发明把人们从繁重的家务劳动中解放了出来，节省了时间，提高了生活质量）

师：好，哪个组接着汇报，汇报的是哪个方面？

洗衣机种类组汇报，并播放纪录片。

师：通过他们组播放的采访视频，你们获得了哪些知识？

生答。

师：这个同学听得非常认真，总结得也非常正确。老师想采访一下你们组，能说说你们是怎么搜集这些资料的吗？

（采访洗衣机种类组）

师：对，调查走访也是获得第一手资料的好方法。洗衣机有两种不同分类法：按自动化程度分，有普通型、半自动型和全自动型洗衣机；按洗衣机的结构和工作方式来分，主要有波轮式、滚筒式、搅拌式等。

师：现在我们再来欣赏一下原理组的研究成果吧。

洗衣机工作原理组汇报。

师：他们组完成得也非常好，并且文字资料与图片资料相结合，让我们了解得更加清楚。其实无论哪种洗衣机，去除衣服污垢的道理与手工洗涤基本是一样的。只是不同类型洗衣机的工作原理是不同的。

（课件展示：普通型波轮洗衣机的工作原理是依靠装在洗衣机桶底部的波轮正反旋转带动衣物上下左右不停地翻转，使衣物之间和机筒之间在水中进行柔和摩擦，在洗涤剂的作用下实现去污清洗。而滚筒洗衣机的工作原理是模仿棒槌击打衣物的原理设计。利用电动机的机械做功，使滚筒旋转衣物在滚筒中不断地被提升摔下，再提升再摔下，做重复运动，加上洗衣粉和水的共同作用，使衣物洗涤干净。）

师：听了我们三个小组的汇报后，我感触最深的就是：咱们班的同学都有很强的合作学习能力，能借助现在的科技产品完成自己的研究任务，而且大家都有深刻而丰富的体会，让老师非常佩服。就像刚才同学们谈到的那样，科技的发展，使我们的生活发生了巨大变化。

3.活动二

师：同学们，科技让我们的生活更加智能化、便捷化，借助飞速发展的科技，老师设计了这样的家居生活。（播放视频）请同学们仔细看视频，里面重点设计了几个场景？有什么新科技更好地服务于我们的生活？哪个同学来谈一下自己的感受？

生答：

师：这个同学说得真好！

师：科技发展不断改善着我们的生活，使我们的生活变得丰富多彩。课后，请同学们继续调查我们身边的其他科技产品，看看它们对我们的生活都起了什么作用。好，这节课就到这里，期待我们的再次合作，谢谢！

第 三 辑

学而知之，潜思笃行

如何提高学校管理效能之我见

提高学校管理效能的关键在校长，此次培训更加深了这种印象，我觉得应从以下几方面努力。

一、身体力行

榜样的力量是无穷的。"其身正，不令而行；其身不正，虽令不从。"校长的威信不在于其权力大小，而在于其是否能做到率先垂范，以身作则。因此，校长一定要做到严格自律，率先垂范。校长要求别人做到的，自己首先做好；要求别人不能做的，自己坚决不做；要求教师敬业，校长首先要做到勤政；要求教师廉洁从教，校长首先要做到廉洁从政；要求教师加强学习，校长要带头学习；要求教师尊重学生，校长首先要尊重教师。农村教育很艰苦，要求教师超常付出、忘我工作，如果我们这些校领导晚出早归，不谈工作，势必造成教师怨声一片，工作没有热情。无论春夏秋冬，无论风霜雨雪，校长要坚持与教师同甘苦、共患难，从心灵深处拉近与教师的距离，用实际行动让教师由衷地感到领导与大家一样付出，教师心理平衡了，工作动力足了，学校的各项工作也就容易开展了。

二、秉公办事

不患贫而患不均。公平公正是校长施行学校管理的人格前提，是不断修正管理方向的"罗盘"，是克服管理顽疾的"良药"。校长做到了公平公正，就提高了管理工作的透明度，满足了教师的正义感，凝聚了学校的向心力，更提高了队伍的战斗力。

晋职晋级事关教师的切身利益，最能牵动广大教师的神经，一直是学校管理工作的热点，更是难点。在今年的教师晋级报名过程中，我向学校推报小组多次强调，教师晋职晋级关乎学校的制度执行，关乎学校的发展，关乎学校的风气，关乎教师队伍的稳定，在工作中一定要做到公开、公平、公正。推报程序要严密有序，不得出现丝毫差错，要坚持阳光操作，每一阶段结果都张榜公示，接受监督。推报小组经过层层选拔，摒除了外界干扰，顶住了种种压力，真正推选出了合格教师。

学校评优树先、考核等各项工作，同样如此，没有人为因素，没有人情偏颇，没有暗箱操作，没有远近亲疏。在我们学校，制度面前人人平等，制度高于一切、高于人情、高于权力。为此，有人劝我这样做会得罪人，但我认为，学校有学校的难处，学校要生存、要发展，就必须树正气，得罪一个人，对得起成百上千的师生，这样做，值。作为一名领导，我必须毫不动摇地捍卫学校的正气，容不得计较个人得失。也唯有如此，学校才有战斗力，学校发展才有驱动力。

三、勇挑重担

"有什么样的校长，就有什么样的学校。"教育先哲的这句话，时时提醒着我、激励着我、鞭策着我，让我不敢有丝毫的懈怠。作为学校的领头人，我时时提醒自己，组织把这么大的学校交给我，学校的发展、师生的成长系于我身，我要担起这份沉甸甸的担子，不能辜负领导的信任，必须竭尽所能，让我们的学校造福一方百姓，让我们的学校成为师生成长的乐园、温馨的港湾、精神的依靠。

说实话，目前我们学校还面临很多的困难和问题，我们没有优质的生源，没有优越的条件，没有厚重的积淀，现在是夹缝求生存谋发展。我不敢说自己多有作为，只是时刻告诫自己，一名校长必须让学校发展，让教育的恩泽惠及更多的家庭，让师生有更大的提升，也唯有如此，校长才可以"不因碌碌无为而羞耻"。自从我来到流坡坞镇中心学校，就与大家开始学校的

"二次创业"，我们总的发展目标就是：向制度要规范，向规范要发展，力求通过一年的探究摸索，使学校走上规范化发展之路。

作为一名校长，一名普通的教育工作者，我要不断充实自己、完善自己，争取做一名"魅力校长"，去影响、去带动每一名教职工发出共鸣，形成合力，奏响学校最美妙动听的乐章；去引导、去激发每一名教职工各司其职、各尽其能、各显神通，让校园"知识与个性齐飞，人文与师德共舞"。

邹平拾遗

我有幸参加了邹平市举办的第二届小学校长论坛，两天的时间匆匆而过。在高连营、秘金亭主任的精心组织、周密安排下，时间虽然短暂，但内容很丰富；虽然忙碌，但很充实。静下心来，梳理两天所得，我感慨良多，收获颇丰。

一、明确一个标准

明确一个标准，即深入把握课程标准。好学校首先是课堂好，高效、和谐、生动。课堂教学万变不离其宗，归根结底要把课程标准学深、学透、学好，只有这样，教学工作才能有的放矢。课程标准就像房屋主体，主体建好了，我们才能根据个人喜好装修，或简约，或欧式，或古典，风格迥异，各有特色。同样道理，只有课程标准把握好了，教学工作才不会本末倒置。只有突出中心，整体推进，课堂形式、教学模式、办学特色才能各展英姿，百花齐放。

邹平市黄山实验小学正是在把握好了课程标准后，大胆尝试课堂教学实践改革，综合运用"加减乘除法"，走出了一条特色发展之路。

二、强化一个抓手

强化一个抓手，即充分发挥校长智能。北京五中吴昌顺校长说："没有与世界先进潮流合拍的教育理念是没法当校长的；没有丰富的德才学识和博大无私的胸怀是当不了校长的；没有抗挫折、耐劳作的坚韧精神和在矛盾困境中奋斗不息的思想准备，绝对当不好校长。"中国人民大学附属中学刘彭芝校长说，校长是个领跑人，首先自己要跑得快，做一个优秀的领跑人必须比别人跑得快，跑得比别人远。这就需要有过人的综合素质，需要过人的精神状态，需要比别人的思想更超前，更勇于创新，善于创新。可见一个学校要想改革，要想发展，"必须从改革校长开始"（邹平市第二实验小学王延峰校长语），只有校长有思想，学校才会有特色。

校长是学校各类资源的经营者，经营是否科学，决定学校的成败兴衰，决定教师业务成长的快慢、多少，从某种意义上讲，一个好校长就是一所好学校。校长作为学校的当家人，就要不断思考，如何让教师成长成功，让学生成人成才，让学校健康发展、特色发展、持续发展，这些问题如解决不好，就要有食不甘味、夜不能寐的责任感和使命感，决不能"说不清，理还乱"，当一天和尚撞一天钟。罗马不是一天建成的，学校也不是一天发展壮大的，当校长也不是要你一天二十四小时不间断工作，大事小事事必躬亲，累死累活却又事倍功半。校长要讲究策略、讲究方法、讲究效率，结合学校实际，总结得失，借鉴经验，理性思考，找到适合学校发展的道路，这样才能以逸待劳，事半功倍。

三、借鉴一些经验

"洋为中用，古为今用"是我们直达目标的捷径，是事半功倍的制胜法宝，可以让我们少走很多弯路。

邹平市第一实验小学的《教师梯次发展催生分层评价》，根据教师的事业发展和年龄结构，分为适应型教师、骨干教师以及教学名师，"对症下药"，分别培养；博兴县第一小学的《实施多元评价机制，促进教师健康成长》，致力于提高教师幸福指数，充分调动广大教师的工作积极性，设立多个单项奖励，让每位教师都有出彩的机会；滨州市滨城区授田英才学园设立了"百项奖"，邀请家长和学生代表参加颁奖典礼，并为获奖教师颁奖；滨城区梁才街道办事处第三小学，虽然只是一所规模很小的农村完全小学，但他们创新学生评价方式，建立了星级评价体系，每年评选出"十佳小博士"，并广为向服务村庄宣传，收到了很好的效果；博兴县兴福镇厨都小学和无棣县信阳镇中心小学，充分利用当地资源，开设了劳动技术和草编课程，促进了学生快乐学习、快乐实践、快乐成长；滨城区第六中学提出教育评价要注意处理好几个关系，如面与点的关系、评价标准连续性和灵活性的关系、过程与结果的关系等，为我们提供了很好的参考；滨城区授田英才学园简简单单的一个庆六一方案，引起了大家的广泛关注，既不新奇，也不创新，只是把本该属于孩子的节日还给了他们，实现了"我的节日我做主"。

这次论坛呈现出许多成功的经验，让我们既开阔了眼界，看到了差距，又增强了信心。有些正在探索、正在实施的做法，同样给我们以启迪，值得我们认真思考，做好嫁接，并创造性地加以运用，毕竟适合的才是最好的。

第三辑 学而知之，潜思笃行

我从青岛满载而归

一、做幸福教育人

2014年4月26日，我们倾听了郭文红老师作的报告，听得如痴如醉。《留下一抹温馨的记忆》，多好的名字，让郭文红老师一介绍，更富有诗意和内涵。

1. 幸福从小事做起

郭老师从台湾作家三毛和席慕蓉的故事讲起，来说明老师的一言一行、一举一动在学生人生成长过程中，承担着非常重要的责任！就像我们常说的：作为老师，千万不要随意伤害学生的自尊心，你不知道今天调皮的学生哪一个是明天的"爱因斯坦"，哪一个是明天的"乔丹"。他们即使只是平常人，也是宝贵的生命，更是他们父母的全部，不能因为我们的点滴失误，造成学生的悲惨人生。

教师的工作是琐碎的，没有惊天动地的大事，都是一些小事，但小事中蕴含着大道理。教师要关注学生做的每件小事，加以表扬、鼓励，引导学生都来做好事，在学生心目中种下善的种子，使他们从小惩恶扬善，懂得关爱、懂得宽容，将来必定会热爱生活，珍惜生命，造福社会。

2. 幸福从关爱开始

亲手杀害自己一双儿女的乐燕，说出了震惊世人的一句话："一个从来没得到过爱的人怎么给别人爱？"如果从幼儿园算起，学生在校园中学习生活的时间接近20年，甚至更长。他们如果在校园里得不到关爱，得不到宽容，很难想象会发生什么样的事情，就像乐燕，她连自己的儿女都不爱，还会爱别人吗？！

学习成绩好坏是决定学生一生的根本原因吗？答案当然是否定的。并且，可以肯定的是，不管成绩好坏，教师都要对学生付出关爱，深入了解每一个学生，懂得没有了解就没有发言权，每一个孩子背后都有精彩的故事。北京市十一学校让每个学生选择自己的课程表，让每个学生都有选择的机会，鼓励学生兴趣发展，就做到了这一点。当然，十一学校的模式是不能简单复制的。

关爱学生既需要教师规规矩矩上好自己的课，对学生进行必要的道德教育，帮助学生健康成长；更需要充分发现、发掘、利用各种资源，比如家长、社会、传统等，凝聚资源合力，集合大家智慧，共同把学生教育好。就像郭老师一样，带学生走进消防队，走向大自然，请家长进校上课，请学生开展讲座等。说到这里，可能有教师会说，人家是南京的老师，有得天独厚的优势。我看不是，教师不管在哪里，都有自己独特的资源，关键是要敢想、敢试、敢闯，不怕辛苦，甘于奉献。

3.幸福从快乐出发

五年级的一个小学生问郭老师的话，引起了培训学员的反思，学生说现在感觉双休日一点也不快乐，"压力山大"，天天上辅导班，天天做练习题，如此人生，谈何快乐？学生都不快乐了，他们对生活会是什么态度，怎么能过得精彩，怎么热爱生活，又怎么能过得幸福，怎么能充满创新能力和发现能力？而没有了创新和发现，我们的民族、我们的国家未来在哪里？

未来有很多不确定性，学习成绩并不优秀的学生今后同样是挑战与机遇并存。看看现在的企业家、体育明星，有多少是学习成绩并不优秀的学生？可见，学习好并不是成功的唯一出路，学习不好也不代表一无是处。每个学生都是独一无二的，每个学生都有自己的天分，要对每个学生都要抱有希望，充满信心，每个学生都能找到通向罗马的大道。不能把学生难管简单地归结为孩子本质就是坏，无药可救。看看郭老师曾经带过的那个男孩儿，一个小学三四年级的孩子，在教室跟同学打，在学校跟老师打，谁说也不听，谁也没办法，但人家郭老师怎么做的？哪个学校都有"超级无敌小霸王"，不能抱怨这里多那里少，最起码我们的学生还没有生这种"怪病"，还不至于无可救药。相比之下，我们幸运多了，困难小多了，条件好多了，这也更能证明我们完全是有可能做好学生教育管理工作的。

每个学员都在听着，都在记着，随着郭老师妙语连珠的话语，我们时而发笑，时而深思，时而顿悟，兴奋、激动和感动的泪水一次次浸满双眼。这一切，让我由衷地感到：当老师能做到今天，也没有遗憾了！当老师真幸福！当班主任真幸福！

谁能真正享受做教师的幸福？就是要像郭老师一样，把学生当作自己的孩子、自己的朋友，细心呵护，精心培养。如果我们每一个老师、每一个班主任，都这样对工作，这样带学生，学校也会充满温馨、快乐、感动，校园中的每个人也都是幸福的。

二、四月二十七日的收获

4月27日，这是比较充实的一天。上午，北京师范大学肖川教授作了《教师的幸福人生与专业成长》的报告；下午，关鸿羽教授作了《教育就要培养习惯》的报告；晚上，肖川教授又为我们带来了《教育的方向与方法》。两位教授的报告，让我们如获至宝，印象最深的有以下观点：

幸福=充实（精神上有成就，物质上宽裕）+闲适（没有过强的外在压力，没有内在的紧张），幸福是一种内心的感觉。

幸福"四有"：心中有盼头、手中有事做、身边有亲友、家中有积蓄。教师只有是幸福的，才能创造幸福的课堂；反之，亦然。

幸福感的八个元素：安全感、舒适感、价值感、归属感、成就感、满足感、自豪感、优越感。

感受一：幸福是人生最高的价值。我们建立家庭、养育孩子、从事工作、享受美食、参加活动等，都是为了获得幸福，都是为了享受幸福的感觉。没有了幸福的追求，就没有幸福的人生。

感受二：学校中的每个教职工，都是休戚相关的共同体，每个人的命运都紧紧联系在一起，如果每个教师都负责任、肯付出、甘奉献，都能教好书、育好人，那么必定促进学生成长和学校发展，时间长了形成良性循环，凝聚起学校发展的正能量，反过来促进每个教师进步，真正实现"大家好才是真的好"。相反，如果个别教师工作消极懈怠，对工作应付，得过且过，不但完不成职责任务，还会给学校带来困境：学校因"教师短板"发展受困，以至于成绩下降，声望受损，影响形象，导致家长不满意、社会不认可、学生不高兴；进而又造成荣誉称号减少，学校发展资金减少，教师学习和成长机会减少，形成恶性循环，学校进入穷途末路。

感受三：今天的学生就是明天的家长，你培养什么样的学生，就将面对什么样的家长，二者高度关联。说得太好了！在实际工作中，个别教师碰到所谓"学困生""坏生"，为了少生气，少费心，少劳动，多轻松，多自在，多享受，对这些学生不管不问，爱答不理，任其发展，只要不影响我上课就行，只要不影响其他学生就行，只要不跟我过不去就行，对他们睁一只眼闭一只眼，爱玩就玩，爱学就学，爱闹就闹。殊不知，这样的学生不但不感激你，反而憎恨你，虽然他们学习、纪律等习惯不好，但他们的智商不低，是非对错、黑白曲直，他们一清二楚，你不管他，不是为他好，是害他。我当过几年班主任，学生毕业后不少人这样对我说过。更重要的是，这些农村学校的学生很多又回到当地农村，建立家庭，娶妻生子，他们的孩子还会进入我们的学校，孩子的爸爸妈妈素质摆在那里，家庭教育也就可想而知。面对这样的学生，教好管好不是没有可能，但需要教师付出更多。说到这里，我可以用这样一句话概括：做工作就像照镜子，你下功夫、付出多、肯奉献，你就会看见掌声、荣誉、成功；你偷懒耍滑、应付了事、得过且过，你就会看见嘲笑、埋怨、一事无成、遗憾终身。

感受四：你的内心世界越丰富，你看到的世界越丰富；你看到了什么，你的内心就有什么。我们看世界主要凭心眼，而不是凭肉眼。比如说，随便用手指在空中画一个圈，这就是一个空间，里面有磁场、电磁波、细菌、病毒、各类气体等。但如果你不了解这些知识，甚至一无所知，你绝不会知道。因为境由心生，环境是由你的态度生长出来的，你的思想就是你的世界，你的思想就是你的处境。世界其实就是我们自己，痛苦与快乐、成功与失败、宽容与紧迫，其实全在于我们怎么看。因为我们是通过自己的眼睛去看世界，更是通过自己的观点去认识世界，所以态度决定一切。

感受五：我们给学生的东西能管学生一辈子的教育就是素质教育，这就是关鸿羽教授给我们的答案。素质教育这么简单，这就要求学校抓好养成教育，小习惯成就大未来。只有认识而没有行为习惯养成的教育是不完全的教育，就是知行脱节。学生学的内容和他们做的事不统一，严重脱节，可能跟学生有关系，但跟家庭和社会有更大的关系，反面教育比正面教育力量更加强大。家庭教育非常重要，家长不能一味没有底线满足孩子的要求，要让他们懂得不是任何事情都能如他们所愿，要让孩子们学会适应，学会承受，学会理解，学会宽容，进行适当的挫折教育，更利于孩子的健康成长。另外，家长还要注意控制孩子的欲望，如果从小贪得无厌，欲望难平，长大后有可能走上邪路，一发不可收拾。学校要主动争取家长的理解和支持，家庭教育和学校教育一定要一致，家挺教育只能做帮手，不能做对手，否则事倍功半。

三、结语

五天的行程是紧张而忙碌的，但却是幸福的。记得到达青岛当天在宾馆会议室召开的"三名"（名校长、名班主任、名教师）工程人选培训启动仪式上，商主任和陈主任讲道：所谓"名校长、名班主任、名教师"这个"名"，不是评出来的，而是实实在在干出来的，所以要想"出名"，就必须干好。身为"三名"工程的一员，经过此次青岛培训，我的心灵受到洗礼，境界得以提升。在今后的工作中，我会更加努力完善人格，提高境界，向更高的目标出发。

"花儿为什么这样红"

——赴青岛市经济技术开发区实验初级中学挂职培训心得体会

青岛市经济技术开发区实验初级中学（以下简称"实验初中"）于2011年7月建校，先后获得了"全国创新教育示范校""和谐教育示范校""北京大学素质教育示范基地""全国优秀家长学校实践基地""青岛市现代化学校"等三十项国家、省、市级荣誉称号，短短三年的时间，就已成为青岛教育一张靓丽的名片。

一所年轻的学校何以这样出色，到底有什么高人之处……带着一连串的问号，金秋十月，我们来到了美丽的青岛，走进了这所学校，寻找着答案。

一、办学条件是基础

办学条件包括硬件条件和软件条件。硬件条件是指教学楼、校园绿化美化、运动场、功能用房等硬件建设。实验初中占地60多亩，投资1.5亿元，单位面积投资远大于我们第一实验学校（实占地112亩，概算投资8000万元），其他乡镇学校更没法比。此外，实验初中的图书馆、游泳馆、龙圣书院、棋画院等处处育人；科技大世界、明星大舞台、智慧大道、艺术长廊等润物无声；综合实践、生命科技园、机器人与物联网教室、天文地理室等启迪智慧。我们还了解到，单是校园文化建设，学校就邀请的是青岛市设计院进行总体规划，分层设计，一次性投资，一次性完成，不需要重复建设，不需要每年修补，避免了重复投资，人为浪费。

软件条件是指家长委员会、董事会等软件开发。实验初中的家长委员会建设在全省闻名，成立了涵盖学校、年级、班级三个层面的家委会，增强了家委会成员参与教育活动、实施监督管理、支持学校发展的积极性和主动性，并依托家委会平台，开展了丰富多彩的活动，促进了家校沟通交流，提高了学校的规范管理水平。例如，在疏导交通车辆、处理突发问题等难点工作中，家委会发挥了学校不能替代的作用，取得了事半功倍的效果。再如，通过家委会筹资管理的"阳光基金"，对在学习进步、科技创新等活动中获奖的学生进行奖励，并且奖励范围广、受益学生多，起到了积极的促进作用。学校重视董事会建设，邀请教育专家、大学教授、爱心企业家等知名人士担任董事，董事们对学校建设高点定位，超前谋划，全球视野，积极建言献策，大大提升了学校办学档次和水平。

二、制度建设是保障

没有规矩，不成方圆。只有建立起完整的规章制度，规范师生的行为，才有可能建立起良好的校风，才能保证学校各方面工作的执行与落实。实验初中的学校制度涵盖了学校的方方面面，大到绩效考核、安全、财务、办公等常规制度，小到教师考核、班级考核、班主任考核，形成了一套完整的体系，并且不断完善。从刘金刚主任的介绍中，我们了解到2014年暑假，学校利用15天的时间，组织有关人员到西南交大，在知名教授的指导下，对各种制度再次进行了升级，建立了更完善、更高效的现代教育制度。学生评价制、项目负责制、日清双轨制等，这些制度不断地引导师生用更高的标准、更规范的手段和更有效的方法完成自己的教学、服务和学习任务，使各方面工作都有法可依，按章执行，最大限度地提高了教职工的执行力，高标准地完成了各项工作任务，不断地推进学校工作上水平、上档次。这些都给我们留下了深刻的印象。

三、师资队伍是依托

学校的发展最终靠教师，学校教育教学质量的高低与教师整体素质的高低有着十分密切的关系。一所好的学校必然有一支整体素质较高的教职工队伍，一所不断前进的学校必然有一支整体素质不断提高的教师队伍。作为一所年轻的学校，其教师构成有这么几个方面：一是老校的小部分留驻教师；二是应届大学毕业生选考招录教师；三是全省选聘的高精尖人才，包括全国优秀教师、齐鲁名师等。这些教师素质高、师德好、能力强，在学校长远发展愿景的激励下，在锻炼提升自我目标的指引下，教师们真下功夫、下真功夫。他们早7点前到校、晚10点离校是常态，并且不言苦、不言累，从备课上课到教研活动，从日常值班到培训学习，忙得不亦乐乎，同时收获丰富，可以说是累并快乐着。

看看他们的活动安排：10月13—17日，"山东省第十一届初中英语优质课展评观摩活动"在学校举行；10月18—19日，参加"2014年中国蓝色经济国际人才暨产学研合作洽谈会"的180余位专家到学校参观考察；10月20—24日，承办"山东省初中数学课堂教学观摩活动暨青岛市信息技术教学与数学教学融合展示现场会"；10月24—27日，将承办"第六届名家人文教育高端论坛暨名师课堂研讨会"。

有的活动不仅要组织，还要组织教师上展示课、现场课、观摩课，短短10多天的时间，如此高密度的省级以上教学教研活动，学校接待任务之重、教师忙碌程度之密、工作强度之大可想而知。

四、干部带头是关键

俗话说：村看村，户看户，群众看干部，讲的是领导的楷模作用；干部，干部，先干一步，讲的是领导的带头作用；班子强不强，关键靠班长，讲的是"一把手"的素质。"早到校、晚离校，具有先进的办学理念，紧跟时代潮流，勇做教改先锋"，是学校教师对李素香校长的一致评价。翻转课堂、微课程、电子书包、和谐教学等，一些我们刚接触的新生事物，他们开始出经验了；我们还没听说的，他们开现场会了，并且是全国、全省性的，既让学校出了名，树立了好形象，又为教师们锻炼能力、积累经验、提升自我、获取证书提供了绝佳的机会，可谓一举多得。当然学校发展也离不开得

第三辑 学而知之，潜思笃行

力的中层干部，他们是校长施政的"左膀右臂"，是校长决策的参谋智囊。校长的决策要通过学校中层干部严格执行和组织实施，这样才能得到教师的认可。我们看到的是，中层干部与教师统一办公，没有专门办公室，课不少上、事不少干，在没有特殊待遇的情况下，加班加点，无怨无悔。

正是有了校长的模范带头、中层干部的辛勤工作，才保证了学校各项工作的高效运转。

五、教育教学质量是根本

一所学校要想"出名"，如果没有过硬的教育教学质量是站不住脚的。从我参与教研活动、观课听课、座谈交流情况看，无论是学校、年级组，还是任课教师，都把教学作为中心工作，一切为学生学习服务。万变不离其宗，无论是问题导学模式，编写教学案，还是不间断地教研磨课、绘制知识树、说课标比赛，还是学生利用升旗、课间操等时间人手一本书，读写背诵，都把教学作为学校工作的重心，把学生的学习放在第一位，并且取得了显著成绩，这才赢得了家长和社会的认可。另一方面，学校又不放过任何一个机会，鼓励学生参加各种科技、文体、创新活动，大厅、楼道里展示的参加活动的照片、获奖证书、师生的笑脸，一次次验证了学校"培育阳光生命，奠基智慧人生"的办学思想。

几天的学习、观摩、交流，在感受实验初中发展可喜成就的同时，我找到了学校发展红似火的原因，也获得了难得的工作启示，受益匪浅。

"领导力内涵建设"培训带来的思考

2015年4月16—19日，我参加了阳信县教育和体育局"领导力内涵建设"高级研修班，聆听了朱胜文老师的精彩讲座，非同凡响，受益匪浅。四天的时间，全班五十余名学员共同承受失败的痛苦、共同享受成功的喜悦，有苦有甜、有喜有乐。四天的头脑风暴、四天的激情碰撞、四天的真情感动，让我们热情高涨，如痴如醉，大呼过瘾，更是为加强学校管理开阔了视野，拓展了思维，增添了动力。四天来，我们且行且思，且思且行，收获颇多。现将几则培训日志分享如下。

一、2015年4月16日

1. 体会和收获

校长要抬头看路

教育是一种生命影响另一种生命。作为校长，我们既要领着大家干，又要干给大家看。校长的一言一行直接影响教师的言行举止，校长身体力行，处处发挥模范带头作用，教师们也会勤勉敬业，奋力向前。但校长不能一味埋头苦干，要善于抬头看路，注意学习时事新闻，与时俱进不落伍；要关注教育发展趋势，通过网站、报纸、电视等媒体，了解最新教育消息，看看有什么新理念、新精神、新提法，关注教育发展方向，避免方向不对，甚至南辕北辙，苦做无用功。只有方向对了，教育才会遇到顺风。

2.行动计划

校长使命光荣，责任重大，既要把握方向，又要身体力行，为此，必须加强教育方针政策、法律法规的学习，有关文件要吃透、摸准，认准教育发展方向；同时，要理论联系学校实际，提出可行的发展目标；在做出决策时，要广泛征求班子成员和一线教师的建议、意见，充分发扬民主，群策群力，集思广益，会前多讨论，会后说结论，保证决策正确，得到全校教师的拥护，并能严格执行。

二、2015年4月17日

1.体会和收获

莫让流言迷双眼

近年来，学校负面报道常常见诸报端。个别媒体记者喜欢凑热闹，为博取读者眼球，不管学校对不对，先冠上抢眼标题报上去，公众心理轻易地就让媒体"绑架"了，让学校背负舆论压力。

学校存在严重问题，理应遭到"曝光"。但是，很多时候媒体的报道只是给个别不讲理的学生家长"撑腰"，将事情的全部责任推给学校，对学校提出非分要求。学校往往选择委曲求全，息事宁人，很是被动。学校不是"净土"，每天都要和人打交道，难免有这样那样的小磕小碰。作为教育人，我们不要被教育负面报道蒙蔽，也不要被吓倒，更不能沉浸在"物欲横流，人心不古"的负面阴影中，陷入"干也白干，干还出错"的牢骚满腹中，对工作被动应付，对问题不敢说话，对学生撒手不管。

朱老师课堂上播放的残疾人视频，给人以震撼、感动、激励，他们自强不息，向困难宣战，与命运抗争，看看她们，想想我们，那些困难算得了什么？关键是对困难的态度，对生活的态度，阳光心态，面带微笑，不仅美丽了自己，也感动了世界。教育人更要有爱的情怀。学校各岗位都要严格履行职责，保证不出责任事故。同时，我们要利用各种机会，加强与媒体的沟通交流，积极宣传学校的好人好事，占领舆论阵地，传播正能量，让真、善、美成为学校的主旋律。

2. 行动计划

"夺宝奇兵"游戏让我深深地体会到了团队的力量和团队的伟大，想要走得更远，必须和团队前行。更重要的是，要和积极的人在一起，我不会消沉；与智者同行，我不同凡响；与高人为伍，我能登上巅峰。读好书，保持阳光心态，面带微笑，即使风雨再大，也要勇敢前行；交高人，善于发现别人的优点，并把它转化为自己的长处，善于把握人生的机遇，并把它转化成自己的机遇，博采百家促成长。

三、2015年4月18日

1. 体会和收获

校长要勤反思

学校每天要面对各种各样的问题，能不能发现问题，事关工作的质量和效益的高低。有的校长常说"没问题"，实际上，"没问题才是最大的问题"，发现不了问题谈何解决问题？谈何发展？作为校长，我们要重新审视自身的工作，深刻反思，反思是成功之母。学校管理中存在哪些问题？怎么扬长避短？外地的先进经验怎样借鉴？等等，都是我们反思的内容。反思是为了更好地实践，通过"反思—实践—再反思—再实践"的循环反复过程，不断调整方向，改进措施，寻求一条适合本校实际和自身特点的发展之路，创造具有自身特色的办学思想和管理模式。

2. 行动计划

"感人心者，莫先乎情。"很多人为了一段感情，为了一种感动，甚至为了一份感激，可以心甘情愿付出一生。作为农村学校校长，我们不能给教师们金钱上的补助，但我们同样可以创设家的温暖，让他们在这里感受到幸福。在管理过程中，我们要积极创设公开、公平、公正的环境，让教师们都感到公正合理，心平气顺；真心关心教师的冷暖，平常送问候，生日送祝福；利用课余时间和节假日，开展形式多样的文体娱乐活动，丰富教师们的业余生活，让他们愉悦身心，热情参与，快乐工作。

四、2015年4月19日

1. 体会和收获

调查是新校长的第一课

"没有调查，就没有发言权。"这句话非常有道理，对于新上任的校长，调查更是必不可少的功课。没有"把脉问诊"，怎能"对症下药"？初到一所学校，没有半月二十天的调研功夫，是没有话语权的。大到学校概况、师生关系、历史沿革、风土人情、乡风民俗、社会关系等，小到班子构成、教师男女比例、年龄结构、文化层次、家庭状况等，我们都要有所了解，有所认识。调查既要看总结、听汇报、查材料，还要实地调研、座谈交流、侧面了解，不能道听途说，更不能偏听偏信，要掌握整体情况，避免以偏概全。事物都有两面性，校长要有辨别真相的慧眼，不要被表面现象迷惑，也不能犯"孕妇效应"，拿偶然当普遍，要透过现象看本质，对事实负责。只有把学校的情况、取得的成绩、存在的问题，弄清楚了，想明白了，我们才能运筹帷幄之中，提出发展目标，制订发展计划。只有目标明确，看得见、摸得着，成为全校师生的共同愿景，学校一班人才会跟你走，接受你的领导，团结一心，众志成城。

2. 行动计划

学校发展不能靠校长"包打天下"，需要中层干部、一线教师的积极参与，他们的领悟力、执行力、创造力直接决定学校发展成败。因此，校长要抓好团队建设，信任、支持、鼓励全校教职工发挥聪明才智，为学校发展添砖加瓦，献智献力。朱老师说：很多事情，很多工作，不是不能做，而是没去做，输在不敢做。从校长到教师，每一个人都要增强实干意识，一级带着一级干，一级做给一级看，环环相扣抓进度，层层推进抓落实，确保美好蓝图变成实景。

五、2015年4月21日

"解密"七巧板之败

培训过去了两天，我内心却久久不能平静。做七巧板游戏，我感触很大，反思很深。这是一次失败的经历，甚至可以说是完败，说实话真是不甘心，却又心服口服。

原因在哪里？朱老师和各位学员总结了很多，也很详细，比如各组之间单打独斗，只看局部小利益，不顾全大局，缺乏有效沟通、领导力缺失、合作不充分，没有发挥团队作用，甚至个别人还存在"宁为玉碎，不为瓦全"的心理，不一而终。在我看来，主要有这么几点：

首先，缺少权威，或者说领导权威，也可以说领导小组缺少权威。活动最后几分钟，协调小组提出开展合作时，根本没人响应，没有像当年陈胜、吴广振臂一呼，应者云集的号召力。一是学员缺乏放下架子、俯下身子的实干意识；二是缺乏团结协作、互相补台的意识；三是协调小组缺少德高望重的权威，全体学员习惯了从众心理，乍一放手让自己做主，学员反而受不了了。这反而更说明了"管理三要素"为什么把建班子放在第一位，因为领导是关键啊！

其次，团队缺乏凝聚力。团队是一个有口才的人，对着一群有耳朵的人说话。现在这个研修班或者说每个小组，因为时间关系，当时还是形式上的团队，各成员的心思、精力、头脑还没完全凝聚在一起，相信越磨合，效果会越好。目前，放到整个研修班来看，则是各小组之间各自为政，各为其分，都想为本小组争取高分，很少或基本没有考虑全班整体利益，这样的班级就像赶集卖菜，吆喝声、砍价声、嬉笑声此起彼伏，一片喧嚣，乱得一塌糊涂，成绩却不理想。

再次，思维僵化。从事校长多年，不得不承认，有些人、有些事，见怪不怪了。总是或者说潜意识里就那么想了，就认为这个事对、那个事错，按固定套路出牌，按规则办事，生怕破坏规则会出现其他问题。这也是输不起的心态在作怪：做不对不要紧，至少做不错，不会出问题，因此导致消极应对。

朱老师说不让离开座位，那我们可以搬着椅子到处跑啊，不让说话交流，可以用互联网啊，可以交流任务卡啊，等等，方法太多太多，我们没有想到，或者说根本没想，只顾瞎碰乱撞，面上热火朝天，实际收获不大。固化的思维怎能适应瞬息千变万化的世界，何况我们的服务对象还是活生生的学生？我们要与时偕行，与时俱进，这样才能与时代共舞。

最后，没有敢担当、勇负责的人。从始至终，没有一人站出来，统领全班进度。试想一个学校、一个单位群龙无首，会是什么后果？试想国人都像鲁迅笔下的"看客"，我们的抗日战争能胜利吗？我们要想改变多一事不如少一事的心态，做好人民满意的教育还有很多工作要做，还有很长的路要走。

在"三名"路上快乐成长

快乐的时间总是过得很快,参加"三名(名校长、名班主任、名教师)"工程培训,转眼间走过了两年的时间。两年来,我抓住每一次机会,向智者学习,与高人为伍,在学习中感受乐趣,在工作中实现价值,坚持勤于学习,善于思考,勇于实践,敢于创新,丰富了知识,增强了本领,为更好地履职尽责打下了基础。

一、强化学习,努力提升管理水平

校长是一所学校的灵魂,是学校发展的总设计师,必须不断学习,加强修养。两年来,按照工作学习化、学习工作化的要求,我科学处理工作与学习的关系,做到工作学习两不误,坚持越忙越要学习,带着问题学;白天忙于工作,晚上挤时间学;充分利用挂职培训、网络研修、校长论坛的机会,重点加强了现代教育理论、教育法律法规、中外教育思想、学校管理和高效课堂等方面知识的学习。通过学习,我的知识底蕴逐渐丰厚,教育思想日渐成熟,管理经验也不断丰富,驾驭全局和解决实际问题的能力不断提高,对教育发展方向有了清晰的认识,对办学目标也有了深层次的思考,对办什么样的学校,有了更准确的定位。

在注重个人学习的同时,我们还启动了"读中外名著,做智慧教师"读书工程,通过故事引领、读书沙龙等形式,鼓励教师们多读书、读好书、善读书,争做书香教师,共建书香校园。我还经常利用校长荐文,把文质兼美的经典美文,通过办公平台发送给教师品读,既引领、服务于教师的专业发展，又融入了浓郁的人文管理情怀。教师们也利用教育人博客，浏览文章，上传心得，分享经验，在潜移默化中改变了观念，提高了师德修养，提升了教学能力。

学贵有思，我结合工作实际，将所思所想所悟形成书面文字，撰写心得体会，其中，《名师如何从有效教学走向优质教学》等4篇文章在市级以上刊物发表，《风正一帆悬》作为全县唯一的交流材料，在2014年山东省素质教育论坛上交流学习，《勤勉耕耘静待花开——乡镇教办的职责职能探讨》在2015年山东省乡镇教育管理经验交流暨特色学校建设现场研讨会上交流学习，全市仅有6篇。

二、加强培养，提升教师队伍素质

教育之本，在于教师。面对流坡坞教育人心涣散、抱怨不断的现状，我把目光放到了加强教师管理上，用"重锤"震醒对流坡坞教育失去信心的教师们，用"猛药"医治"病入膏肓"的流坡坞教育。我从演讲比赛、师德征文、基本功比武等方面入手，鼓励教师们积极参与，勇于挑战，在赛事中积累经验，增强信心，对成绩靠前的教师重奖重励，让教师们体验成功的快乐。一套"鼓励+激励"的组合拳打下来，重新唤醒了教师们的干事热情，激活了全镇教育内生活力。

教师是教育事业的第一资源与核心要素，没有好的教师，就没有好的教育。没有好教师怎么办？我们自己动手，实施了"名师培养工程"，培养自己的"土名师"，全镇45岁以下教师都是培养对象，创造条件让教师们走出去，参观学习，更新观念；我还把全县甚至全市最优秀的名师，如李红岩、成玉丽、文玉燕等请进来，用她们的成长经历感染教师，震撼教师，告诉教师们"一切皆有可能"。教师们的激情被点燃了，在各项评比竞赛活动中，争先恐后，敢于亮剑，先后有20多人次在市县比赛中获奖，其中1人的课被评为省级优质课，填补了流坡坞教育的空白，有8名教师被评为"阳信县第七批教学能手"，一次评选超出前20多年获奖人数总和，开创了流坡坞教育新时代。

来到水落坡后，针对农村小学布局分散、校本教研流于形式、骨干教师不足的现状，我们模仿"中国好声音"，启动了"水落坡好老师"选培工程，发挥镇域内名师的辐射带动作用，打破学校界限，5名导师带领全镇小学的53名教师，开展了岗位练兵、学习培训、互动研讨等教学教研活动，为加快全镇青年教师专业成长搭建了平台。

三、以人为本，提高教师幸福指数

管理的核心在于尊重人，在于调动每一位团队成员的工作积极性和创造性。我始终把尊重教师、关心教师放在重要位置，事事将教师利益放在首位，时时把教师冷暖记在心间。开展了以"温馨教室，人文校园"为主题的"美丽校园行动"，创设良好的人文环境，让教师们美在校园，舒畅心情；开展形式多样的文体活动，让教师们锻炼身体，愉悦身心。

老教师是农村小学的中坚力量，他们作用的发挥直接关系到教育教学质量的优劣。我们充分理解老教师，尊重老教师，关心老教师，了解他们的艰辛与冷暖，帮助他们解决家庭、工作中的困难和问题。我们开展了"贺生辰、送祝福"活动，为老教师送去生日祝福，感谢他们的辛勤付出；开展了"情暖夕阳红"活动，对工作成绩优秀的老教师给予精神鼓励，用宣传栏、报告会、感谢信等形式宣传他们的先进事迹，让他们的家庭成员、家庭所在村庄共同分享喜悦，共同分享幸福；为退休教师举办退休典礼，让他们荣归故里，在社会上为老教师赢得尊严。

一系列的人文管理举措使教师的生活充满七彩阳光，有效提高了教师的幸福感和归属感，凝聚了人心，增进了团结。学校的人文关怀也赢得了教师的个性化工作，他们在各自岗位上人尽其才、人尽其力，处处发挥榜样示范作用，促进了学校教育质量的整体提高。

四、加强管理，努力提高办学效能

管理出效益，管理出质量，管理也是生产力。我坚持"学校发展靠团队"的观念，发挥团队力量，凝聚多方智慧，加强学校管理，提高管理水平。

工作中，我们坚持制度先行原则，先后出台了《教育干部管理考核办法》《工作创新奖励办法》《工作效能提升考核办法》等一系列规章制度，涵盖了学校管理、安全防范、教育科研、评价考核等各个方面，规范了学校管理，强化了教师的责任意识、时间意识、效率意识，各学校工作作风明显改进，工作质量明显提高。此外，在各校推行周一例会制和周工作计划制，各项工作有计划、有措施、有总结、有反思，提高了学校管理科学化水平。

我们强力推进学校管理精细化，建立起了"管理工作精雕细琢，教学工作精耕细作，后勤工作精打细算"的精细化管理模式；每学期都组织校长外出观摩，开阔视野，增长见识；举办全镇校长论坛及联合观摩，学校之间互看互比互学；重点加强了对帮扶学校的管理、教学、课堂等方面的指导，对发现的问题限期整改，对发现的好做法现场推广，显著提高了校长的管理水平，有力助推了各校的内涵发展。

我们以"让每所学校都精彩"为目标，实施了"一校一特色"建设工程，鼓励各学校立足校情，因校制宜，发挥优势，做到"学校有特色，教学有特点，学生有特长"。水落坡学校的体育竞技、二陈小学的"打花棍、翻花环"，前营小学的"哈啦虎"进校园都形成了自己的特色，提高了学校美誉度。各学校也先后荣获全国"零犯罪学校""市级规范化学校""市级平安校园""市级绿色学校""县教育工作先进单位""小学课堂教学改革优秀学校"等多项荣誉称号。

几度风雨几度春秋。走在"三名"工程的培养道路上，取得了些许成绩，但我深知自己还有不足，理论水平虽有提高，但深度和广度还不够；工作还不够大胆，具体工作中顾虑较多，做了怕引起麻烦。今后，我一定认真总结经验，克服不足，努力把各项工作做得更好，为全县教育事业发展做出积极的贡献。

最美的风景在路上

2015年12月14日至18日，在县教体局师训办陈辉主任的带领下，我县小学组"三名"工程培训人选一行45人，先后到江苏南通海门市（今海门区）三厂小学、国强小学及南京市浦口区行知小学，就新教育发展及课程建设、学校管理、特色建设等进行实地考察与培训学习，我有幸参加其中，感触颇多，现汇报如下。

一、总体感受

本次考察，我们共考察参观了三所小学。考察的内容主要有校容校貌、教育教学管理、师资队伍建设、新教育课程研发等，三所小学与我县小学教育现状相比，有几点给我印象颇深：

一是办学设施一流。几所小学的校园整体布局精致美观，功能用房齐全，内部设施先进，尤其是每所学校面积虽然不大，但整齐美观的塑胶操场和现代化的教学设施，让人格外羡慕。这些都充分体现了当地政府对教育的重视和支持。

二是办学特色鲜明。走在江苏海门、南京的校园，我们感受最深的就是这些学校办学个性鲜明，学校生活教育独具特色。例如，国强小学的书法特色，每个教室、每个楼道、餐厅、办公室等，到处都体现书法特色。再如，南京市浦口区行知小学，依托学生生活教育实践基地，大力推进国际文化交流和学生生活实践活动，使一个乡村小学不断走向全国，走向世界。

三是办学理念超前。例如，海门三厂小学紧紧围绕"让我们的教育适合每一个学生的发展，让每一个学生都得到全面而具个性的发展""天天感动学生"这一教育理论，积极开展新生命教育，提出"让读书成为一种生活方式""让运动成为一种生活习惯""让艺术成为我们的生活追求""让实践成为生活特质"的育人目标等。

四是办学精神持久。从国强小学的办学史，我感受到了海门人对教育的执着，对办学品牌的追求。

五是课程建设卓越。本次考察过程中，我在海门认真聆听了几位校长研发课程的展示及相应的解读，对新课程开发有了更深刻的理解：有怎样的课程，就会有怎样的学生生活，有怎样的学生生活，就会有怎样的学生成长方式。

（1）班本课程的选择要贴近学生的生活，班本课程与学生的生活有紧密的联系，要有益于学生的身心健康成长，一个教师的智慧、见地、思想决定了对课程的选择。

（2）研发的课程要教什么？课程选择好了，更重要的问题是我们要教给学生什么，所以我们要对选定的课程进行深入的研究。

（3）几所小学都开展了哪些卓越课程？海门不愧是新教育的"圣地"，因为他们把课程真正做到了卓越。学校有校本课程、班级有班本课程，以及其他一些特色课程，每一个课程都是常年在坚持，不是在应付，因为每一项课程没有几年的时间，是达不到展示时的效果的。班级里的班本课程有人格课程、数学文化课程，还有绘本阅读课程、语文吟诵课程、美术创意课程、课本剧表演课程、书法课程、沙画课程、电影课程等。所有这些课程，我们听起来并不陌生，但海门人是真正做起来了，真正实现了把现在教育指向儿童未来的发展，把师生的生活和生命真正打通，师生真正过上了幸福完整的教育生活。

海门卓越课程的有效开发和成功，需要教师有一定的智慧、思想和见地；完美教室的缔造更是一个共同体的智慧，是一个班级所有任课教师集体智慧的结晶。

二、几点思考

作为一名乡村中心学校的校长，本次培训学习也引发了我很多的思考，我觉得今后应该遵循学校办学的客观规律，学习和借鉴别人的成功经验，不断创新工作方法，只有这样才能不断超越自我、成就自我。

1. 以人为本，提升学校管理实效

当今世界，人文精神成为时代的呼唤，而人文精神的核心内容就是宽容、理解、尊重、信任。我们倡导管理的基本理念，就是以人为本，做好服务。

杨瑞清校长的报告使我意识到了要坚持"教师第一"，要把教师视为办学之基，把"教师第一"的人本管理思想扎根于学校管理之中。重视教师的参与意识和创新意识，使教师的才能得到充分发挥，人性得到最完善的发展。

教师是学校的主人，我们要通过各种方式和渠道让教师参与学校管理。要充分发挥教代会的作用，听取各方意见，大事热事难事让教职工说了算。这样做一方面可以激发教职工的主人意识和工作责任感，激发教职工的主动精神和创造意识，提高教职工的自我价值与工作效率；另一方面由于教职工参与学校管理，提高了管理的透明度与可信度，增强了认同，使全体教职工对学校的管理更具信任和归属感，使学校与教职工形成一个整体，使每个教职工明确个人的成长与学校的发展是密切相关的，是荣辱与共的，从而提高教职工的自豪感、责任心和使命感，体现出教职工是学校的主人。

在充分调动广大教工参与学校民主管理的同时，我们每年还组织名中层评选活动，激发中层的潜力，更好地引领广大教工履行职责、扎实工作、创新工作。

2. 搭建平台，打造教师成长乐园

"山不在高，有仙则名；水不在深，有龙则灵"，学校独特的人文精神就是"山之仙""水之龙"。考察学校的文化立校给我们印象深刻，那就是培养人文精神，就要努力营造一种平等、团结、尊重、宽容的组织氛围，在他们的管理中，体现了校长对教师的人文关怀，人心换人心，换来的是上下一

条心，为学校事业呕心沥血也无怨无悔的氛围。

有好教师，才有好教育。水落坡镇地理位置偏僻，教师老龄化严重，学校规模小且布局分散，教研教改步履维艰。为发挥骨干教师的引领带动作用，打造教科研"航空母舰"，我们借鉴"中国好声音"模式，实施了"水落坡镇好老师"选培工程，以激发团队成员自身潜力，集聚和传递团队成员群体智慧成果；我们组建了以雷树枝、刘树信等骨干教师为导师的五大团队，跨学区、跨学科、跨年龄，以听课、研课、外出培训、考察学习等形式，塑造团队成员鲜明的教学风格和特点；以送教和指导青年教师为抓手，发挥导师在教学及研究上的示范、引领和辐射作用，力争导师与学员共同成长。团队活动如火如荼，既各有特色，又相互合作。例如，"水落师出团队"的读书论坛和"助学课堂"教学观摩研讨等活动搞得扎实有效，有声有色，团队刊物《水落师出》如出水芙蓉，卓尔不凡。杨俊红老师参加县班会课评选，"水落师出团队"和"编织梦想团队"联手相助，几经磨课，最终取得了县一等奖的好成绩。

管理的最高境界就是让每一个被管理的人都感到自己的重要。为弘扬正能量，表彰先进，我们先后在全镇范围内实施了"感动校园十大人物"和"'三八'最美女教师"评选活动，一方面为教师树立了学习的榜样，另一方面也增强了教师的责任感和荣誉感。

老教师多是农村小学避不开的话题。为发挥老教师余热，让他们站好最后一班岗，我们开展了"情暖夕阳红"活动，为在教学一线发挥正能量的退休教师举行光荣的退休仪式，使老教师感受到教育大家庭的温暖，并留下美好的回忆，给自己在教育一线画上一个圆满的句号。"感人心者，莫先乎情。"点滴关爱换来老教师的事业第二春，全体老教师深感自己在学校的重要性，再燃教育激情，倾其智、尽其力，发挥传帮带的作用，演绎着当代"捧着一颗心来，不带半根草去"的教育情怀，促进了学校教育质量的提高。

每一个人都用行动在证明：我们辛苦着，但我们快乐着。在学校管理中，校长努力营造一个尊师重教的环境，学校教师在和谐、宽松的环境下，怀着一种快乐的心情为学校而工作，从上而下的每一成员都做到了自己管理好自己，实现了学校的自动化管理。

3.师生读书，开启创新动力源泉

教育需要创新，创新离不开读书学习，从这一点说，读书是学校发展的不竭动力。创建学习型学校，让读书成为一个学校的特质，校长首先要成为一个爱读书的人，要抓读书活动、大力开展阅读工程，要构建学习型学校。要提高教师队伍的整体素质，校长必须学习提高，这种学习提高必须是经常的。我深深感受到了江苏名校长对学习的执着与坚持。校长要有一个好习惯——学习，那我们的眼界就大开了。

为此，我们水落坡镇实施了"营造书香校园，同做读书达人"师生共读活动，形成了"校长带着教师读，教师带着学生读"的良好氛围。自活动启动以来，各单位结合实际，做了大量的工作，活动效果显著。为进一步激发广大师生的读书热情，推动活动的深入开展，切实促进教师专业成长，全面提高教育教学质量，我们还将举办"书香教师、书香学生、书香班级"等系列评选活动。

4.积极谋划，共享新教育成果

我们的校长不能说不敬业，不能说不务实。我们每天起早摸黑，"蹲"在学校里，事无巨细，整日操劳，但学校不见大的起色，究其原因，就是对学校缺少规划。杨瑞清校长的报告给我们的启示是，作为校长，我们要对教育发展方向有明晰的了解，对自己的学校发展有视野开阔的规划，并让教师们理解、接受和投入到这个规划，让学校的发展成为每一位教师的共同愿景。

我们有十所学校，"新教育"实验有十大行动。下学期我们准备开设新教育实验"自助餐"，利用我们镇上的县"三名"工程人选做典型报告，宣传新教育，发动新教育，让十所学校对照"新教育"十大行动，根据各自"胃口"和学校实际"点菜"，可以是一道也可以是两道或更多，力争让新教育实验活动出现"百家争鸣""一鸣惊人"的满"坡"花开新局面。

经历就是财富。不知不觉，江苏之旅结束了。这些天的一幕幕在脑海中留下了不可磨灭的印象：有对海门各个学校新教育开展得如火如荼的羡慕、感叹、震撼，有对学生们充满快乐的人性化课堂、活动的思考，有对教师们幸福的教育心态和教育理想的感动，更有对我县全力推进的新教育实验的思考与探究。新教育实验是一项没有终点的追求，它所营造的中国教育的"桃花源"，让投身新教育的每一个人，都经历思想的裂变和对教育的重新认识，更有对新教育的探索和实践。让我们继续前行在新教育的路上，追寻幸福完整的教育人生。

最美的风景，在路上！

"尊师"是学校管理的法宝

海尔集团首席执行官张瑞敏曾说过："经营企业就是要经营人，经营人首先要尊重人。"通用电气集团CEO杰克·韦尔奇认为："尊重人才，培养人才，是通用电气长久不败的法宝。"经营企业如此，经营学校又何尝不是如此呢？那么，学校管理的"法宝"又是什么呢？李希贵校长认为，学校的力量首先来自教师，关注学生应该先从关注教师开始。虽然学生是学校的"终极产品"，但教师才是学校中最重要的资源，校长只有"尊师"，才能换来教师发自内心的"重教"。

一、"情暖夕阳红"工程——再燃老教师教育激情

教师老龄化是水落坡镇师资队伍的突出特点。年过半百的老教师占据全镇的"半壁江山"。多数老教师精力大不如前，产生了职业倦怠感与自轻感。

李希贵校长说，"管理的最高境界就是让每一个被管理的人都感到自己的重要"。如何调动老教师的工作热情，是摆在水落坡镇教育人面前一项重要课题。为此，我们开展了"情暖夕阳红"工程：

一是举办老教师恳谈会、联谊会，让老教师畅谈心声，了解内需，想他们之所想，帮助他们解决工作中的后顾之忧。二是组织老教师开展重阳节活动和参加学校体育节、艺术节活动，使他们切实感受到集体的温暖和家的温馨。三是向退休老教师颁发光荣退休"夕阳红"匾，邀请新闻媒体宣传报道老教师从教先进事迹，欢送退休老教师荣归故里，在社会上为老教师赢得了尊严。

"感人心者，莫先乎情。"点滴关爱再燃老教师的教育激情，他们倾其

智、尽其力，发挥传帮带的作用，老树新花，再谱新篇。

二、"水落坡好老师"选培工程——为青年教师专业成长搭建平台

美国心理学家马斯洛认为，人的需要是分层次的，人在不同的年龄有不同的优势需要。老年需要尊重，青年亟待发展。青年教师的成长与发展决定着学校的未来。但是，一些青年老师虽有美好愿景却苦于无门，"单兵作战"，孤立无援。

为助力青年教师成长，给他们搭建平台，我们借鉴"中国好声音"模式，实施了"水落坡好老师"选培工程。

数学名师吴正宪认为，"要想真正满足广大农村教师提高课堂教学执教能力的普遍需求，仅靠带几个徒弟、结几个对子就能解决问题吗？我想到了团队研修，把一个人的力量转化为一个团队的力量，用团队去影响周边，用大家带动大家，这样的研修才是有穿透力的"。"水落坡好老师"团队建设也印证了这一点：一是导师有了"用武之地"。每位团队导师都耕耘着自己的"责任田"，在这里播种希望，收获梦想，享受着"赠人玫瑰，手留余香"的幸福。我镇雷树枝和刘树信两位导师双双被评为"滨州市百佳乡村教师"，导师秦书强和田方芹两人成长为县"双科教学能手"，姚秀峰导师在市县教学基本功大赛中摘金夺银。二是团队成员有了归属感，不再"独自飘零"，无依无靠，逐渐形成了在教学上有困惑找导师、靠团队的习惯。大家抱"团"取暖，教学相长，共同提高，教科研热情被激发出来，空前高涨。一年来，在第七批县教学能手评选活动中，有7名教师榜上有名，在市县学科带头人复评中有11人顺利通过，10项省、市、县级课题立项或结题，有28人次在教育部"一师一优课"评选和市县优质课、观摩课、电教课、说课大赛中获奖，31人次在市县基本功比赛、经典诵读、读书征文比赛中获奖，62人次在教学设计、指导学生等比赛中获国家、省、市、县奖励……

三、"健康校园"工程——提升教师生活质量从点滴做起

为提升教师生活质量，解决教师的后顾之忧，我们积极创造条件，为全

体教师提供饮用纯净水；在各中小学、幼儿园专为教师购置体育健身设备和卫生保健器材；在教师中广泛开展乒乓球、篮球、踢毽子等趣味运动，增强广大教师健身意识，引导教师在课余时间参加体育健身活动，鼓励人人参加运动，争取人人身体健康，让"每天锻炼一小时，健康工作三十年，幸福生活一辈子"的口号响彻校园。

水落坡镇中心小学青年教师丁雪松感慨地说："以前总觉得城里好，千方百计往城里挤，现在在乡镇工作，不但发着乡镇补贴，而且生活上也和城里'接轨'，我工作也安心了，再也不'身在曹营心在汉'了。"

四、"营造书香校园，同做读书达人"读书工程——提升教师的文学修养、文化底蕴

古语云："水之积也不厚，则其负大舟也无力。"清华附小窦桂梅校长指出："做教师一个普遍问题是文化素养缺失：视野不宽、底蕴不厚、修养不足、情趣不多。解决这一问题就是——读书。"基于此认识，我们启动了"营造书香校园，同做读书达人"读书工程，让好书点亮教师智慧，让阅读陪伴教师成长。中心学校为教师们购买了《给教师的建议》《好妈妈胜过好老师》《最美的教育最简单》《高效能人士的七个习惯》等书籍，多次举办征文比赛及读书交流会。一本本智慧书籍丰厚了教师们的文化底蕴，教育工作拥有了"源头活水"；一次次思想碰撞于潜移默化中改变了教师们的观念，夯实了为教根基。

"管理者是动员他人来实现自己理想的人"。作为管理者，我们既要对教师严格要求，也要尊重教师，只有这样，教师和校长的心灵才会相通，家的氛围才会更加温馨，教师工作的积极性、主动性、创造性才会不断增强。刘备三顾茅庐，才有了诸葛亮的鞠躬尽瘁，死而后已。张良拾履，方得《太公兵法》。我在工作生活中时时处处尊重我身边的每一个人。无论是雨雪天为教师撑开的一把雨伞，还是对学校门卫的嘘寒问暖，我都发自于心，也带来了心灵的共鸣。"尊师"是我校管理的法宝。

沉心静气深思考　振奋精神再出发

　　他山之石，可以攻玉。赴华东师范大学学习之旅，与金忠明、王建军、应俊峰、卢起升等教育大家近距离接触，聆听他们谈经论学，受益匪浅。各位专家严谨的语言、鲜活的案例、丰富的知识及精湛的理论，为我们注入了源头活水，使我们感受到了头脑风暴的冲击、先进教育思想的洗礼，我们看到了与现代教育的差距，深感肩上的责任之重。"有什么样的校长，就有什么样的学校"，校长决定了学校的发展。仔细梳理学习期间的所见所闻，静心思考各位专家的真知灼见，我对校长的角色有了新认识。

一、凝练先进办学思想

　　校长只有有思想、有理念、有责任、有担当，才能办出好学校。校长对学校的领导，首先是教育思想的领导、业务上的指导，其次才是行政管理。因此，校长必须把自己的办学思想贯穿于日常的管理活动中，用先进的教育理念去影响、带动教师，把自己的办学思想转化为教师的具体行动。

　　先进的思想，源于勤奋学习。学习是最好的老师，校长要不断学习政治理论知识和教学业务知识，丰富自己的头脑，尤其注意学习先进的经验和优秀校长的做法，真正爱教育、懂教育、会教育，做教育的行家里手，善于根据时代特性、区域特征、教师特长、学生特点，定位学校发展，打造学校特色。校长是学校发展的总设计师，既要善于登高望远，抬头望路，掌握国家的大政方针，做仰望星空的思索者，又要在先进理念的指导下，扎实推进学校特色创建，做脚踏实地的实干家，带领师生奔向前方。

先进的思想，源于深入思考。"把每一个孩子都培养成有用之才"，这是教育的使命。但在追求应试成绩的今天，不少教育人迷失了方向。作为负责任、有担当的校长，我要不断审视自己的学校，不断反思自己的行为，通过不断思考形成正确的办学思想和办学理念，并将其付诸教育实践中。校长的核心领导力在于课程与课堂，校长要把先进的办学理念通过教师转化为课堂行为。这就要求校长站在教育改革的前沿，引领学校的发展；同时具有一定的课程开发与指导能力、对学校现状的评价与诊断能力、对发展方向的思考与调控能力；能够整合学校的发展资源，扬长避短，走现代学校发展之路。

先进的思想，源于集体智慧。当好一名校长，就要当好"班长"，带好"班子"，指挥好队伍，调动各方面积极性。校长要正确处理好班子间的工作、生活关系，当好主管而不主观，处事果断而不武断，充分听取大家的意见和建议，做到互相支持不拆台，思想同心、事业同干，层层分工、层层把关、层层负责。校长要公道正派，不搞小圈子，用自己的人格力量去带好队伍，去影响教师。校长应多一点人情味，少一点火药味；多一点教育渠道，少一点空洞说教；要尊重、信任班子的每一个成员，让他们去想办法、出思路，遵循现在是同事，永远是朋友的理念，从各方面关心好每一位教师，建立好友谊；要把岗位当作干事的平台，精心谋事，认真干事，在想干事、会干事、干成事上下功夫；在事业上要用心、用力、用德，带领全校师生，挖掘潜力，积聚智力，增加活力，办一所充满幸福快乐的学校。

二、关注学生健康成长

我们常说，一切为了学生，为了学生一切，但在实际教学中，往往只关注成绩好的学生，却忽视学习困难的学生，时间长了，"学困生"就成了"问题学生"。爱是教育的本源，没有爱，就没有教育，要把爱心洒向每一个学生。爱的基础是尊重、信任，是以全面发展的眼光去分析和对待学生，对待"问题学生"更应如此。对"问题学生"要讲究爱的情感、爱的行为和爱的艺术。爱学生就必须善于走进学生的情感世界，就必须把自己当作学生的朋友，去感受他们的喜怒哀乐，去发现他们身上的闪光点，为他们展示才华搭建舞台，为他们走向成功积累信心，带给他们精神的愉悦和成功的体验。

按照多元智能理论，没有差生，只有差异。陶行知就曾这样告诫过我们："你的教鞭下有瓦特，你的冷眼里有牛顿，你的讥笑中有爱迪生。你别忙着把他们赶跑。"古往今来，学习成绩不好，但是成为成功人士的名人不胜枚举。教师要科学看待学生成绩，成绩只是上学时的光环，能力才是人生的通行证；要以学生的健康成长和未来发展为目标，坚持德育为先、能力为重、全面发展，教学生学会做人、学会学习、学会思考、学会发展。

在教育教学中，教师要做到引导、引导、再引导，耐心、耐心、再耐心。对学生不能求全责备，对学生的个性差异，要多一些尊重，少一些歧视；多一些关爱，少一些冷漠；多一些宽容，少一些抱怨。适合的才是最好的，我们要努力为学生寻找最近、最佳的发展区，让学生做最好的自己；要从学生的实际出发，扬长避短、因材施教，相信孩子，相信奇迹。

三、促进教师专业发展

教师是教育事业的第一资源与核心要素。2014年9月9日，习近平总书记在同北京师范大学师生代表座谈时说："一个人遇到好的老师是人生的幸运，一个学校拥有好的老师是学校的光荣。"教师对学生的成长起着至关重要的作用，要在一言一行、一举一动中，做学生锤炼品格的引路人，做学生学习知识的引路人，做学生创新思维的引路人，做学生奉献祖国的引路人。校长要坚持立德先立师，树人先正己，在"师德、师能、师表"上下功夫，想办法为教师搭建成就事业的广阔舞台，鼓励教师成名成家。教师只有具有先进的教育理念和扎实的教学基本功，才能带领学生穿越知识的海洋。有人这样说，"知识就是力量，教育就是财富，学习就是生命"。因此，校长要积极选派教师们走出去，参观学习，开阔视野，紧跟教育潮流；要创造条件把名师请进来，传经送宝，更新观念，引领教师专业发展，打造高效教师团队。

"有名师，才有名校"。阅读是名师成长的必由之路，正如培根所说：读史使人明智，读诗使人聪慧。我在学习期间，也有多位专家谈到阅读的重要性，校长要鼓励教师多读书、读好书、善读书，努力创造读书、学习的机会。一个人的精神发展史实际上就是一个人的阅读史。书永远是成长的阶梯，教师至少要读三类书：前沿性理论书、名著、教育文章。校长要为教师创设读书氛围和读书条件，真正让教师成为社会中读书最多的人群；同时要引导教师勤于反思，使教师懂得"行成于思毁与随"，没有反思，人生是盲目的，教育亦然；要鼓励教师平时多做教育教学随笔，积累教育教学案例，如上网交流、做读书笔记等，都有利于教师的成长。

四、塑造现代校园文化

校园文化是学校教育的重要组成部分，是全面育人的有效载体，是学校的灵魂所在。我们经常说，三流学校靠威权，二流学校靠制度，一流学校靠文化。文化是学校发展的核心竞争力。校长要深思熟虑，统筹规划，精心打造，把校园文化建设贯穿于教学目标、教育模式、管理方法、装饰装修等工作的全过程，着力营造特色鲜明的校园文化，以文育人，以文化人，用文化潜移默化、润物无声、滴水穿石的柔力，增强学校的凝聚力、执行力、影响力。

校园文化是学校个性的体现，缺乏独立精神、唯上唯书，不可能构建优秀的校园文化。因此，校长应该根据时代特性、区域特征、学校特色、教师特长、学生特点，统筹规划学校的物质文化、精神文化和制度文化，以良好的文化环境陶冶师生的情操、净化师生的心灵、提升师生的品位。在文化资源开发方面，学校决策者和管理者要与时俱进，不断挖掘学校潜在的文化资源，丰富校园文化内涵，可通过学校教育教学成果、历任校长教师的先进事迹、优秀学生的成长故事等资源的收集、整理与展示，体现校园文化的优秀方面，给予全体师生正面的、积极的暗示和熏陶，使校园文化在积淀中升华，在升华中激励和教育师生。

文化不是从天上掉下来的，是历任校长带领教师经年累月打拼出来的，是学校历史的积淀。铁打的学校，流动的校长，不能因为校长的更替，葬送学校的传统文化。对学校的优秀传统、先进经验要学习、传承和发扬，并在传承的同时赋予其新的内涵。特别是新任校长，要在继承中发展，在发展中创新，不要推倒一切，从零开始，那样只会事倍功半，劳民伤财，得不偿失。

当今社会，对优秀学生的期待，恰恰是对名师的期望；对优质学校的期待，恰恰是对好校长的期望。学习培训可以使校长的成长更快、更有方向，但绝不能代替校长的实践探索。今后，我将珍惜每一次学习机会，学有所思，学有所悟，学有所行，学有所用，为滨州教育发展贡献绵薄之力。

第 四 辑

智言睿语，成事达人

强化六个意识　争做新时代的好老师

——在2012年全镇教师节大会上的讲话

各位校长、老师们：

今天，我们欢聚一堂，隆重集会，共同庆祝第二十八个教师节。借这个美好的时刻，我主要想和大家一起探讨六个方面的问题。

一、强化学习意识

我们都知道，要想给学生一杯水，自己要有一桶水。所以，对于我们教师来说，学习是必不可缺的一项任务，必须树立终身学习的意识。如今，我们提倡终身学习的理念，实则就是顺应不断发展、永不停歇的社会发展过程。教师作为新生代的引领者，有传道、授业、解惑的重责，如果固守着一成不变的老知识，怎么能成为不断给予"一杯水"的"一桶水"呢？恐怕时日不久便水枯桶干了。时常听到有老师在抱怨缺乏外出学习的机会，可是真的有学习机会摆在眼前的时候他却退缩了。比如说，我们每年的中小学教师暑期远程研修，在研修中有那么多的专家给我们讲课，和我们交流，同时又有那么多同行在一起研讨，这样好的机会却引不起部分教师的兴趣。当然，也有相当一部分教师非常珍惜这样的机会，积极学习，积极讨论，认真完成作业。这里面还不乏年龄较大、计算机应用并不熟练的老教师，比如流坡坞学校的岳志华老师、褚家小学的幽振华校长、周商小学的李秀岭老师、曹集中心小学的黄会生老师等，他们在去年的远程研修中都荣获了"优秀学员"

称号。还有在今年的暑期研修中，岳升才、张金兰等几位老师的作业不断被各级专家推荐。试想一下，如果他们把随便下载的文章提交上去，能被推荐吗？

"一张文凭打天下"的时代已经过去了，面对新课程内容中诸多反映社会经济文化、科技新进步等时代性较强的新内容，我们教师必须通过各种渠道不断学习，及时更新自己的知识结构。不仅如此，我们还要"学而不厌，诲人不倦"，保持一种谦虚、严谨、实事求是、锲而不舍的治学态度，更为必要的是要"吾日三省吾身"，做一个反思型的实践者。我们要知道"变是永恒的不变"，只有这样才能时刻面对挑战，留有适度的发展空间。

二、强化师德意识

陶行知先生曾经说过，为师者要"爱满天下"，要"捧着一颗心来，不带半根草去"。教师只有德才兼备，才能赢得学生的尊重、家长的信任、同事的认可和肯定；教师只有德才兼备，学生们才更乐意亲近你，爱戴你，接受你的教育，即"亲其师，信其道"。因此，强化师德意识必须放在教育工作的首位。

曾经在一条短信中看到过这么几句评价老师的话：责任比总理还大，挣钱比民工还少，爱心比妈妈还多（这是短信中褒义的几句）。在社会上，教师是一个特殊的职业，公众对教师的期望值是相当高的。比如，在公共汽车上，有一位年轻人不给旁边的老人让座，旁人最多对他"嗤之以鼻"。而如果换作一位大家所熟知的老师，则可能受到更多的谴责。所以，在选择了"教师"这个职业以后，即使"挣钱比民工还少"，我们也不能忘了"责任比总理还大，爱心比妈妈还多"。

每学年开学第一个月就是师德教育月，实际上我们各学校已经把师德学习、师德建设活动贯穿在了每一个学年的每一天。各学校通过多种形式的学习和活动，使每一位教师不断提高自身修养，提高自身职业道德水平，为教育教学工作打好基础。

三、强化教师责任意识

随着社会经济、信息、文化的不断发展与多元化，人们的人生观、价值观也呈现出了多样性。教师也不例外，尤其是一少部分人，受到社会的一些负面影响，产生"对事业缺少热情、工作敷衍草率"的责任缺失。因此，学校在教师中加强以责任文化为核心的校园文化建设，在今天显得尤为重要。强化责任意识，让责任心转化为群体行为，这样才能增强教师的团队精神，促进学校事业的发展。责任心对教师而言，是师德建设的一项重要内容。没有责任心的教育，就不会有成功的教育。因此教师责任意识的培养至关重要，作为教师首先应懂得三点。

1. 教育是一种"大爱"

从事教育就要淡泊名利、守得住宁静；就要乐于奉献、爱岗敬业。教师的责任心是职业情感的基础。一个教师只有把教师这个职业上升为事业的高度，才会对教育工作表现出热忱和全心投入的态度。

2. 教育要对学生负责

让每一个学生都享受成功是我们教师应尽责任，让每个学生健康成长、成人成才是我们教师追求的目标。对学生负责不仅要关注学生的学业，也要关心学生的情感、态度、价值观；不仅要关注学生的学习，也要关心学生的生活、健康、道德和习惯。对学生负责就要对学生的未来负责、对学生的发展负责。教师要精心培养学生在未来社会生活和竞争中立于不败之地的核心素养，诸如民族精神、社会责任感、科学与人文素养、创新精神与实践能力等。

3. 教育责任心的根基就是教师的良心

教育水平有高低之分，教育责任心不应有强弱之别。只有我们全身心地投入教育教学工作中去，才会给学生创造幸福的学习生活，才能享受到教育人生的乐趣。责任感能激发人的潜能，也能唤醒人的良知；而失去责任感不仅会丧失自身的发展，也将失去必要的良知。对我们教师来说，一届学生未教好，还会有下一届，还可以从头再来；而对于一个家庭和一个孩子来说，根本不可能从头再来。也就是说，一个学生对于我们来说可能是百分之一，可对于家庭来说他就是百分之百。作为教师，我们一旦失去了责任感，必将于麻木中失去最基本的教育良知。

总之，我们作为教师就要对国家负责、对社会负责、对家长负责、对学生负责，也是对自己负责。从今天受表彰的单位和个人来看，他们之所以能够赢得这些荣誉，就是因为教师的责任心和责任意识在他们工作中有很好体现。

四、强化教科研意识

就教科研工作来讲，它是学校教育教学工作的重要组成部分，在学校教育改革和发展中起着十分重要的先导作用。向科研要质量是时代对学校发展提出的要求，是提高学校办学水平的有效途径。一年来，我镇高度重视教科研工作，坚持实施课程改革，以质量为中心，以科研为抓手，尤其是以重点课题研究为载体，加强了学校薄弱课程建设，推动了学校的教科研工作，形成了浓厚的教科研氛围。中心学校制定了切实可行的教科研制度和教科研奖惩实施方案，并组织开展了一系列的教科研活动。目前，我镇课题研究取得了较大突破，具体表现在以下方面：

（1）已有2项省级课题通过鉴定。

（2）年初有4项县级课题顺利通过结题（中学：宋雪梅；小学：马元芙、张福元、李秀芳）。

（3）今年又有1项省级课题立项（中心小学：逯彩霞），全县小学段共3项（实验小学、信城小学、流坡坞小学）。

（4）2012年有6项县级课题批复立项（马元芙、马兰兰、李荣芳、周赞祥、赵海霞、李红）。

无论是课题的数量还是质量都跻身全县上游水平，这是在座各位老师对课题研究重视和辛勤努力的结果。

从教师本身来讲，教不研则浅。一年来，我们十分重视教育科研工作。一是积极安排骨干教师外出观摩学习。教师的视野开阔了，他们的业务水平有了长足进步，提升了各自的教学能力，营造了积极向上的教研氛围。今年，教师总计参加省市县教研活动达300多人次。二是以课堂教学为依托，积极开展课堂教学改革。我们牢牢抓住课堂这个教学改革的主战场、主阵地，成功举行了曹集小学教学开放日活动，就有效课堂改革中的一些热点、难点问题进行了集中研讨。通过听课、评课的形式，大家对有效课堂中的小组建设、合作学习和展示、教师在有效课堂改革中的角色和定位等问题有了比较清晰的理性认识。由原来的简单模仿到现在的有所思考、有所探索，走出了一条自己的探索、实践之路。曹集小学被评为"阳信县课堂改革先进学校"，李倩老师所授课获市级优质课，填补了我镇多年无市级优质课的空白。

五、强化创新意识

教育家陶行知曾告诫教育工作者："教是为了不教。"我们教育的第一要义就是要培养创新型人才。今天，人类社会正在发生前所未有的巨变，这些巨变验证了"创新是一个民族进步的灵魂，是一个国家兴旺发达的不竭动力"。然而学校要提倡创新精神，构建创新体系，不仅仅是学生要有创新精神，更重要的是教师首先要有创新精神。

要培养学生的创新意识，如果没有一支具有创新意识的师资队伍，那么学生创新意识的培养只能是一句空话。如果一个教育管理者只是人云亦云，亦步亦趋，循规蹈矩，那么在成长道路上等着引导和指导的未来栋梁们又怎么不循规蹈矩、墨守成规呢？

教师和教育管理者的教育理念要创新，这是最根本的一条。近几年，我镇的教育创新有较快发展。刚刚过去的一年，我镇在全省科技创新大赛上取得了令人骄傲的成绩，尤其是流坡坞学校的马明亮老师创作的"自动分检系统"获科技发明省"三等奖"，褚家小学的褚玉东老师的"太阳能防冻排空设施"获市发明三等奖。另外，赵志峰、侯平和、马立伟三位老师的剪纸、绘画作品也榜上有名。

以上这些取得成绩的教师说明，做事缺乏创新，最多只能把一件事做对，而不能把一件事做好。创新是集责任、勇气、方法、态度等要素于一体的实践活动，是一切工作取得进步的关键因素。比如，我们流坡坞学校开展的民族团结进步教育系列活动，就收到了好的效果。学校立足于流坡坞实际，在求真务实中开拓创新、在大胆探索中实现突破、在拓宽思路中推行举措、在把握规律中增强预见性。为此，我们中心校每学期设立了工作创新奖，鼓励学生创新，教师创新，校长创新，学校创新。我们有理由相信，随着教育教学的不断改革创新，我们流坡坞镇教育事业一定会呈现欣欣向荣的景象。

我们不能人云亦云、亦步亦趋，别人走一步，我们跟一步，那样永远走不到别人前边去，只能望其背影，而不能望其项背。

六、强化实干意识

新的中心校班子成立以来，立志打造"实干型"教师队伍和管理队伍。所谓实干就是脚踏实地、扎实做事，做有益于教育事业发展的实事，做促进本职工作的具体事。邓小平同志曾经说过："世界上的事情都是干出来的。"一个教师不干事，无异于丢掉了立足之本；干不成事，就等于失去了成长和发展的支柱。干事体现了一种责任，干成事体现了一种能力。评价一个教师行不行，除了德的表现外，主要看他肯不肯干事、能不能干成事。因此，我们广大教师和教育干部对待工作更容不得一丝马虎，要不断发扬和增强实干意识，干实事，抓落实。

我们流坡坞镇历来就不缺乏"实干型"的班子和教师，像曹集小学教师创立的教学常规管理模式，该模式得到了全县认可，是干出来的；前营小学的"哈拉虎"、二陈小学的"打花棍、翻花环"在全县成为叫得响的品牌，也是干出来的。曹集的马凤俊老师、周商的孙振和等老师，虽临近退休，却仍然在自己的教学岗位上孜孜追求；还有褚家小学的商昌英老师、郑红梅老师，二陈小学的李月英老师等，他们虽身患重病，但依然战斗在教学一线。当然，我们还有一大批这样立足自身、立足本职、默默奉献的老师，在此不一一列举，让我们向他们致以崇高的敬意！

我们每个人都渴望成功之神的降临，可是并非人人清楚，自己就是创造成功的人——自己就是自己的上帝。厨师把菜做得美味可口，裁缝把衣服做得得体美观，建筑师把房屋盖得坚固舒适，驾驶员把车开得安全，教师把课上得精彩，校长把学校创办成特色学校……他们都会给自己带来成功，也会给别人带来幸福。魏书生说过这样一句话，"把工作推给别人就是把能力推给别人。"让我们都记住这句话吧，因为机会和快乐就在我们实实在在的工作中，唯有实干才能体现人生价值，唯有实干才能创造流坡坞镇教育事业的辉煌！

我们干是为谁干，大家可能还不是很明白。现在我要告诉你正确答案：干工作都是给自己干的。我在学校调研的时候，问过不少老师，对工资、福利还有什么要求，老师们说得最多的就是"领导和社会认可，对得起自己的良心，对得起当地的孩子"。教师最大的需求是什么？个人成长（晋职晋级）和社会认可。

我们乡镇综合督导落后，直接影响老师们的切身利益——表彰名额少，受表彰的人员少。没有表彰，老师们在报考县直或晋职晋级时就吃亏，因为比其他人的分少；我们工作没有出彩的地方，上级领导就很难想起你来，即使有这方面的荣誉，因为你没有显现出来，也没办法给你。

你可以选择当老师，你也可以选择挣钱，但你不能选择通过当老师来挣钱；你可以选择做圣人，也可以选择做俗人，但你不能选择让大家像圣人一样崇拜你，还要像俗人一样原谅你。

老师们，回顾过去，我们豪情满怀；展望未来，我们信心百倍。新学年，新起点，新希望。我们更要有新举措，新干劲，新气象，新面貌。让我们以更加务实的作风，更加高昂的斗志，更加勤奋的工作，努力开创全镇教育工作发展的新局面！

最后，祝老师们节日快乐，身体健康，工作进步，阖家幸福！

比学赶超话管理　助推学校快发展

——在2012年全镇校长论坛上的讲话

各位校长、各位主任：

今天我们举办中小学联检观摩暨校长论坛，出发点就是通过看、听、比、评，让校长、主任、业务园长相互学习、相互提高，增强干部队伍的管理素质和管理水平，同时为全县中小学观摩做准备。再一个目的就是让校长们在全镇教育干部面前登台亮相，从这个角度讲，这可以说是一个亮相会，更可以说是一个承诺会，因为刚才校长们的发言就是向全镇教育干部职工的庄严承诺，谁做得真、谁说得假，大家心里一清二楚。借此机会，给大家讲三个方面的问题。

一、关于学校安全稳定工作

1.高度重视学校安全工作

最近个别学校连续发生了学生伤害事件（对此，我们会按照相关规定进行处理）。这给我们敲响了警钟，也充分证明，安全工作无处不在，无时不在。只要你满不在乎，疏忽大意，凑凑合合，惩罚就会降临。安全稳定防不胜防，不防遭殃。可能在开会的时候，有人嫌絮叨得多，有人烦要求得严，有人怨检查得细，可事实怎么样，即使絮叨再多、要求再严、检查再细，只要你不真重视，走过场、搞形式、无所谓，必然要吃亏，要吃大亏。（勃李中学例子）

同志们，安全工作是我们的底线。我们说，质量提高可以慢慢来，但安全出事就一票否决，没有任何商量的余地。大家一定要高度重视学校安全工作，决不能有丝毫松懈，要继续完善各项安全防范措施、文件、协议及有关制度，要重点做好家长安全责任书签订等工作，不断完善各项安全预案，确保各项责任制、追究制落到实处，确保无安全责任事故发生。近期，各学校要普遍开展一次学校安全检查，重点对师生安全教育、家长责任状签订、安全预案制定及文件制度协议、措施完善等情况进行自查，确保安全无漏洞。

一是交通安全。我们曾不止一次在会议上提到，但还是发生了令我们十分痛心的事情（徐洪先例子）。现在，有的人无证驾驶、有的人酒后驾驶、有的人超速行驶，这都是夺命杀手。所有学校特别是邻近交通要道的学校，一定要在上放学期间，在校门口安排专人值班，提醒学生注意上放学安全。不满12周岁的学生一律不允许骑自行车上学，不满15周岁的学生一律不允许骑电动车上学。在县城居住的教师坚决杜绝酒驾，一是极易发生危险，二是说出去丢人，造成的负面影响极大。如果发现教师酒驾者，确定为综合考核师德不合格，建议县局吊销教师资格证，这是一条铁纪律，绝不能突破。各学校要教育师生严格遵守交通规则，教育学生骑车上学的绝不能勾肩搭背、打闹嬉戏、大撒把，防止发生交通事故。

二是食品安全。邻近要道的学校，要想方设法清理校园周边小摊小贩，一定要把大门关死，绝不能让学生在课间随便出入购买小商小贩商品，更要教育学生在上放学时间，不要购买流动摊贩的产品，各学校都要动脑筋、想办法，做好这项工作。

三是用火、用电安全。名学校要安排专人经常检查用火（煤气罐）、用电设施（插座、线路），避免火灾等事故发生。

四是教学设施安全，特别是体育器械，篮球架、单双杠等。各学校要经常派人检查，防倒塌、防歪倒。流坡坞学校尤其要注意，外来锻炼人员多，要立足实际，切实做好体育场地的安全工作。

五是学生安全。学生打架难以杜绝，孩子毕竟是孩子，要注意加强教育和管理。各学校特别是流坡坞学校和曹集学校要对管制刀具进行不定期搜查，要真检查、真收缴、真告诉家长，一定不能忽视。兄弟乡镇有惨痛的例子，不希望发生在我们身上。我们要教育学生，出现问题，要找老师解决，通过老师处理（不要迷信港台电影电视，让和事佬、外人出去摆平、解决），这样更易引发矛盾，并且极易走上违法犯罪的道路。

六是要充分发挥人防、物防、技防的作用，确保校园财产安全。校长日常巡查学校的时候，不妨看看摄像头还能不能用、报警器电池还正常工作吗？如果需要维修，要赶快安排人员落实。

七是运动会安全，包括训练期间的交通安全、投掷项目安全等。我们要对参训学生加强安全教育，教育他们严格遵守运动会纪律，不得私自离队或进入比赛场地，更不得围观、拥挤、追逐打闹。提醒大家一点，对有心脏病、癫痫、重感冒等不适宜进行体育锻炼的学生，决不允许参加比赛，学生一定要签好保证书、承诺书。

2. 做好教体系统信访稳定工作

党的十八大将于11月8日召开，当前安全稳定工作压倒一切，我们要重点做好两方面工作：一是时刻防范因学校管理不到位造成的家校、师生、干群等之间的新矛盾和新问题，要考虑全面，坚决杜绝体罚学生、强制收费等违规现象的发生；二是坚决抵制和防范国内反动势力、国外反华势力利用涉日问题进行的各种破坏活动。

说到这里，必须提到门卫管理，这是学校安全第一关。各学校一定要让他们实实在在地干点事，切切实实地为师生服务（昨天，我打车回学校，门卫毫不阻拦，我不知什么原因）；要完善出入登记手续，在其位谋其政。凡是在校门口长时停放的车辆，要注意记下车牌号，一旦发生案件，这是重要线索。

各学校要正确处理学校与家长的矛盾，不要因为学校的失误或违规，出现家长到学校吵闹的事件，特别是体罚和变相体罚学生事件引发的矛盾。家长素质参差不齐，水平相差很大，不管出现什么问题，一定要以教育者的身份处理问题（中心园学生受伤例子），不要像农村泼妇一样，与他们对骂，甚至动手。如果真发生这样的事情，即使首要原因归咎于家长，但也多了一份教育者的责任。学校要教育咱们的老师珍惜大好环境和美好前程,胸襟要开阔,工作要务实,不当无为的教师,不言不负责任的话,不做不相称的事;凡事要大气、大度,关系处理上要融洽,言行上要自律,多说有利于团结、有利于工作的话,多做有利于团结、有利于工作的事,顾全大局,严于律己。

各学校周一要立即召开教职工会议,传达会议精神,把有关要求讲清楚、说明白,传达到每一个人,渗透到每一个细节,这是工作任务。所有校长和中心校所有人员的手机要保证24小时开机,如果打电话找不到你,到时请说明原因。工作日,中午一律不准饮酒,有事要及时沟通、交流,避免误事。如果因玩忽职守,麻痹大意,出现越级上访、安全稳定事件,一律追究学校校长的责任,绝不姑息迁就。

二、今后的形式及近期的工作思路

1. 关于中小学、幼儿园建设

目前就国家形势而言,幼儿教育发展空间很大,国务院每年投入100亿发展学前教育,省教育厅也出台了发展学前教育的有关文件并附有配套建设资金。我县发展学前教育三年行动计划,工作力度很大,以奖代补,确保每一个乡镇办建设一处省级标准中心园。我镇学前教育发展相对缓慢,前段时间我们开展全县幼儿园观摩活动,曹集学区园排名相对较好,镇中心园位次不理想,其他学区园更是存在着办学条件差、办园规模小、保教质量低等问题,个别幼儿园还处在生死存亡线上。

为此,我们积极联系县镇领导,强力推进学前教育三年行动计划:一是投资500万元开工建设新中心幼儿园,9个班规模,完全达到省级标准,力争2013年秋季能够招生。二是优化褚家和二陈两处学区幼儿园办学条件,进一步提升办学规模,提高办园水平。目前,褚家学区园翻修改造任务已基本完成,大家也目睹了幼儿园的变化,真可以用翻天覆地来形容。我可以骄傲地告诉大家,褚家幼儿园的资金没有白投入,两位老师的心血没有白付出,局领导、镇领导非常满意。在此,我们要感谢幽校长,也请幽校长转达中心学校对张秀坤、马玉芝两位老师的感谢。我们说，领导的支持是干好工作的关键，怎么让领导支持你，无非就是让领导看了高兴、听了满意、走了意犹未尽，相信你能把事办好，愿意帮助你把事办好。争取项目不容易，争来资金更不容易，二陈小学要以褚家为榜样，积极行动起来，做好工程建设的各项工作，包括原料采购、质量监工、建设安全等，争取也能出新，也能出彩。三是积极争取政策支持，调动各方面力量，力争今年整改或关停几处违规民办园，为来年学前教育全面振兴打好基础。总之，我镇积极应对当前形势，大力发展公办园，全力提高学前教育质量，力争学前教育率先突破，走在全县前列。

2. 关于教育人事制度

据了解，近期省教育厅将出台教育职称改革有关文件，主要有以下几点：一是中小学教师职称统一评审，不再划分中学系列和小学系列；二是在中小学设正高职称；三是取消评聘分开，评聘实现一致，工资待遇和职称同步；四是中小学教师职称评审向农村中小学倾斜；五是确保农村中小学教育干部和教师队伍稳定，清除在编不在岗人员（这项工作已经开始做了）。会后，可以跟咱们老师透露这方面的信息，但一切以正式文件为准。

重点说一下教师清理整顿工作。经过大家的努力，曹集、流坡坞、周商、二陈、前营几所学校比较好，但还有两个单位留下了小尾巴，一定要操作好，老师该上班的上班，该扣工资的扣工资，该上报核销编制的核销编制。大家要明白，扣的工资也不是校长要，也不是中心校要，完全用于因为缺少上课老师而产生的聘请代课教师、调课加工作量等支出。并且要向所有老师讲明白，扣工资需要签订申请扣款书。对于期间不服从工作安排的，一律不准上交年度增资申请表，否则追究校长的责任。

3. 关于课堂建设

学年初，王局长提出了"新课堂"的观点——学生自主学习、合作学习、探究学习。其出发点是充分发挥学生主体性，切实提高课堂效率。目前，全县各中小学都在建设高效课堂，都在打造自己的特有教学模式，都在创设自己的办学特色，也都在通过课堂建设提高各自的办学品位，打造本土的名教师和名学校。鉴于此，中心校就课堂建设将采取以下措施：一是孙佃国主任尽快拿出适合我镇实际的名师培养办法，实施名师拉动工程，每所中小学都要培养校本名师，打造高效课堂，提高教学质量；二是各校长要转变管理理念，要成为课堂教学的教练，尽可能多地往教室跑，要积极听课，有针对性地指导课，大力营造以课堂论英雄的校园风气；三是各中小学、幼儿园都要建设自己的特色课程，建设有本土化、规范化、系统化、可持续化、高品位化的校本课程，要有特色、出亮点，大胆地闯、勇敢地试，张扬出去、宣传出去，为学校添彩，为流坡坞争光。

4. 关于教育督导和干部培养

全县综合督导之前，我们曾经说过，要对督导成绩严格奖惩。现在，我可以明确地告诉大家，我们马上兑现承诺：职称教督导上升了一个名次，奖励张付亭团队500元，中学与前一名的差距缩小了16分，奖励320元，其他学校按照中心学校复核确认的考核名次，从第1到第6名，分别奖励600元到100元。

特别想说说综合督导，因为时间关系，简单提一下：综合督导既是总体工作的反映，也是评优树先的依据，今年的县优，我们为什么奖给李以德校长，就是曹集小学的总体工作好（他发扬风格给了其他老师，那个老师就沾了曹集好的光；曹集要是不好，那个老师连想都别想）。在教师节大会上，我说过，学校工作好、乡镇教育好，一年增加两个表彰名额，增加几个晋级指标，我们老师都沾光。荣誉多，指标多，我们受表彰的机会就多，我们涨工资的机会就多。千万不要抱有没有无所谓的态度，我们的命运与学校、与全镇息息相关，可以说是一荣俱荣、一损俱损，大家好才是真的好。大家都要发扬"单项工作争冠军，总体工作争一流"的精神，力争前茅，唯旗是夺，确保各项工作取得好成绩。我们也会不断完善评价办法，真正体现出干多干少不一样、干好干坏不一样，让老师们心里没有冤屈，让付出的人不白付出。

其实，有些问题解决不好，既不是方法问题，也不是能力问题，关键是看有没有下真功夫。我们的用人导向就是，在干事中体现干部的作为，在干事中锻炼干部、考验干部、识别干部和选用干部。干事就有发言权，就会被提拔重用，不干事就要"挪挪位"，这就是常说的"有作为就有地位"。还是那句话，多换思想少换人，但反过来也成立：不换思想就换人。

5. 关于教育环境创设

当前来说，教育应该是开放的，校园也不是桃源，我镇大部分小学都在村里，村民的口碑就是我们最好的广告。一是要加强学生的养成教育。教育我们的学生懂礼貌、守公德，孝敬父母、尊敬师长，树立起良好的学生形象；二是校园文化、文体活动走出校园，要辐射村民院落。探讨元旦联欢是否可邀请家长参与，乡村道路我们可否清扫平整，村里重大活动我们是否尽力，等等；三是教育我们的老师在村里要树立清廉、儒雅、知礼、大度、助人的形象，努力让村民享受与学校相邻的安全、幸福和羡慕。

6. 关于初中教学工作

今年的初一招生，经过各学校的通力协助，形势比较好，招生人数比去年有了显著提高。我们将完全按照会议精神，对各小学进行奖励，凡是为两所中学每多送一名初一新生（参照去年留在两所中学的人数与六年级毕业生人数的比例，核算出今年应该升入初一的人数），奖励200元的办公经费（学校可以灵活支配，但要用于初一招生工作。流坡坞学校和曹集学校可以参照执行）。学生建完学籍，省市检查验收通过后，立即兑现。

在这里，我们还是要强调，两所中学，特别是流坡坞学校要珍惜机遇，抓住机会，多从自身找原因，多从管理做文章，改正不足，深挖潜力，加强教师管理、常规管理、学生教育和活动教育，争取让学生进得来、留得住、发展得好，赢得学生和家长的口碑，进而形成良性循环，促进全镇教育又好又快发展。

一艘船没有目的地，永远遇不到顺风。希望大家能够明确目标，理清思路，知道该干什么，不该干什么，用方向寻找风向，这样我们才会事半功倍、水到渠成。

三、关于工作落实问题

最近，会议比较多，安排的工作比较多，多数学校落实得比较好，但个别学校落实上还存在问题。今后，不管工作有多忙，对上级安排和中心学校办公会研究制定的工作，都要按照要求，严格落实，有始有终。我们早就说过，对事不对人，你在这个岗位上，才给你安排工作，如果你不在这个岗位上，绝不会强求你干事。一次落实不好，你可以有理由，两次、三次落实不下去，你就没有任何理由，落实不力、执行不到位，那就是人品问题、能力问题。不要等着别人去催，总等别人催促，那就证明你不能胜任这个岗位，你不能干这个事，别人能干这个事，那你这个岗位就可有可无了。（在这一点上，中心学校的商主任、陈主任、孙主任就做得很好。商主任年龄最大，但是对工作，该汇报的汇报，该商量的商量，保质保量完成各项工作，确保了全镇工作正常运转；为筹备本次会议，陈主任做了大量工作，包括观摩方案、参加人员、乘车安排、讲话材料等，他都放下架子，扑下身子去干，这才保证了会议的顺利召开；为提高教学质量，孙主任积极组织，主动安排教科研活动。他们都是我们工作的榜样）

通过观摩情况来看，各学校的工作进展不平衡，效果也大有区别，我不知道是什么原因，我也不想知道，因为我相信"不为失败找理由，只为成功想办法"的干部。一名干部对于安排的工作，老等别人去监督、去催促、去提醒，就是对工作不负责，对领导不负责，对自己不负责。什么是负责？负责既要讲态度，更要讲速度。一名干部光说不干，说了不算，不服从领导，不服从管理，那就是在其位不谋其政，那你得想想了。

四、希望和要求

在正确的时间，用正确的方式，做正确的事就能成功。和广大教育干部没有必要唱高调，因为在座的各位是我们流坡坞教育的精英之才，所以今天给大家提几点希望，也是对自己的诫勉。

一是先做人再做事。成功者之所以成功，在于做人的成功；失败者之所以失败，在于做人的失败。作为一名领导者，你首先在做人上要服众，所谓人格魅力、人品魅力，使大家佩服你、信赖你，有了这个基础，你再熟悉业务，研究管理，老师们才会心甘情愿地接受你的管理，按照你的思路学习工作，学校才有丰厚的人力资源和发展潜力。同志们一定要做好人、做正直的人、做有责任心的人、做有爱心的人、做敬业爱岗的人、做爱护老师培养老师的人、做让老师信赖的人，做有修养懂业务会管理的人。

二是先知己后施人。人贵有自知之明，一个人一生中最大的敌人是自己身上最短的那根肋骨，大家要"日三省吾身"，不断认识自我，不断改善自我，不断超越自我。建议大家每天晚上对自己一天来的言行事做一个反思，反思得与失，要明白自己的长处与短处，在施政学校的时候，要扬长避短，把自己最阳光、最得意、最风光的那一面展示在校园里，只有这样才会政令畅通，令行禁止，这才是一个合格的领导。（优点表现的多，缺点表现的少，就是成功；缺点表现的多，优点表现的少，就是失败。）

三是先想事后干事。凡事三思而后行，人没有故意犯错误的，往往是调查不深、考虑不周、预测不利造成工作上的失误甚至失败。以前跟大家讲过练好坐功就是这个道理，一项举措、一个活动、一次会议甚至和老师的一次谈话，事先都要静下心来考虑一下前因后果、考虑一下操作程序、预测一下可能达到的结果，然后选择最优的方案去执行。

四是先机制后考核。一个学校要发展特别是持续发展，必须杜绝以校长的权力压迫式、家长式管理，要靠制度管人，靠机制运行工作。作为一名校长，你必须为自己的学校构建起健康高效的运行机制，建立起公正适用的管理制度。这样，每学期结束的时候，各项工作、各类人员的考核不是校长说了算，不是中层说了算，是制度说了算，这样的考核结果才能让绝大部分老师信服认可，考核靠后的老师即使不愿意也会无话可说。

五是先职工后自己。吃苦在前，享受在后，把荣誉让给优秀的一线老师，这是一个领导干部的境界，也是管理艺术。希望大家低调做人，高调做事，不搞特权，不贪不懒，这样你一定会成功。

六是先人品后能力。人和人之间的差距不在于能力，关键是人品，人品不行的能力越大危害越大。建议大家仔细分析一下你的职工，用人的时候、培养人的时候，先看人品，因为能力是可以锻炼出来的，人品才是做事的根本、根基。建议大家一定要加强教师职业道德建设，使我们的老师真正能做到为人师表、行为世范。

我现在有个体会：办学校就像照镜子，你对它笑，它对你笑；你对它哭，它对你哭。你的笑就是认真努力，学校的笑就是成绩荣誉；你的哭就是浑浑噩噩、马马虎虎、得过且过，学校的哭就是人心涣散，毫无亮点、一败涂地。

同志们，借本次校长论坛的机会，和大家讲了以上这些，也许有许多不当之处，也许有的话说得过重，这都是为了我们流坡坞教育的明天更美好，相信大家都能够理解。

凝心聚力，共谋初中教育高质量发展

——在2013年全镇初中教育工作会议上的讲话

各位校长、主任、老师们：

今天我们召开全镇初中毕业班工作会议，既对上年工作进行总结反思，也为本学年毕业班教学工作做一个整体安排，希望大家通过这个平台，集思广益，群策群力，为明年中考再上新台阶献智献策、贡献力量。以上各位的发言求真务实，说明大家都在动脑筋、想办法，想证明自己的实力，证明这个集体的实力，我深受鼓舞和启发。

当前形势下，中考竞争日趋激烈，对我们流坡坞镇来说，中考不仅是教学质量的竞争，更是学校生存的竞争。初三教育教学质量关系到全镇的生源，直接影响着教职工编制和公用经费的多少。生源不稳、学生流失严重是我镇长期以来的特点，如果升学质量高，家长就会把孩子送到我们这里来，一旦教学质量下滑，生源将会继续下滑。没有学生，就谈不上教师，更谈不上学校的生存和发展。2012年中考，我们两所中学克服千难万阻，取得了历史新成绩，得到了领导、家长和学生的认可，今年两所中学初一新生明显增加，就是最好的证明。

借此机会讲以下几个问题。

一、以人为本，激活多方合力拼搏的积极性

在影响毕业班工作的各种因素中，人是最积极、最活跃的因素，其中教

师、学生和家长是三个最关键的节点。以人为本，激发三方奋力拼搏的积极性是我们搞好毕业班工作的前提和保证。

1. 强化主导，激发教师干事创业的热情

对于学校的生存和发展，一流的教学质量比一流的校园更为重要，是学校的生命线。毕业班的中考质量更是检验学校管理的试金石。

"一个人是要有点精神的。"一个单位、一个组织同样需要精神。精神就是事业追求，就是奋斗目标，就是不能是碌碌无为、过一天混一天。一个人怎样活得有价值？就是要让单位同事、上级领导、学生家长、社会各界认可你、肯定你，认识到你的重要性，感觉到你的不可或缺，提起你就竖大拇指，而不是嗤之以鼻、甚至不屑与你为伍。

教师特别是毕业班教师，要有"农业心态，工业作风，商业头脑"，要能接受现实，心存感激，悦纳自我。"农业心态"是指我们要向农民学习，收成不好，从不抱怨庄稼；不抛弃，不放弃，只为成功想办法，不为失败找理由。"工业作风"是指我们要向工人学习，合理设计流程，精细加工，精益求精，讲求质量。"商业头脑"是指我们要向市场学习，按规律办事，发挥主观能动性，讲求教学效益。

2. 激活主体，突出学生的中心地位

中考既考学生也考教师，但毕竟在考场上拼搏的是学生。确立学生的主体地位不动摇，是学校工作的立足点。

第一，从树立信心着眼。学校要从学习困难的学生抓起，从最薄弱的学科抓起，不放弃任何一名学生；要以"重塑学生灵魂，重建学生理想"为目标，认真细致地做好学生工作；要注重创设舆论氛围，增强学生的拼搏意识。舆论是集体中占优势的言论与观点，它对学生有着一种无形的约束或激励，是一种重要的教育力量。学生处在一种特定的舆论环境中，就会受到潜移默化的影响，从顺从走向认同，进而内化为动力。各学校乃至班级要富于创意地营造浓烈的学习氛围，对学生进行理想信念、拼搏进取、生涯规划等方面的教育，引导他们在即将毕业阶段，抓住有利时机做最后一搏。

第二，从课堂教学着手。把学生招到学校并不难，难的是如何留住他

们的心，让他们从心底里喜欢学校、喜欢教师。因此，学校改革必须从内涵发展开始，抓核心工作——课堂。学生的大部分时间都在课堂上度过，课堂上学生快乐、幸福了，在学校的时间也就幸福了。现实证明，不是学生不爱学，而是我们的课堂没有吸引力。当课堂展示出应有的魅力的时候，学生迸发出的热情和积极性超乎教师的想象。流坡坞中学现在进行的课堂教学改革令人感到欣慰，并得到了局领导的肯定。先不说改革效果怎么样，学校最起码开始行动了，只要持之以恒地抓下去，一定会有成效。

"课外补课"和"加班加点"如果说在过去曾经发挥过一定作用的话，那么在今天，无疑已经失去了积极的意义或者说决定性的意义。因此，向课堂教学要效益是我们今天的唯一出路。首先，教师要更新传统的教学观念，走出"以讲为懂""以懂为会""以会为通"的误区；其次，要优化课堂教学结构，反对"满堂灌"和"满堂练"，做到"讲""练"结合，"教""学"并重，倡辨质疑，激疑启思，活化课堂教学氛围，提高课堂教学效益。

第三，从分层施教着力。"教学必须符合受教学生的发展水平"，各校不论哪一级，都会存在一定数量的"潜能生"。对于这部分学生，我们不能甩包袱放任不管，也不能不顾差异地和其他学生齐步走，而是要"把'潜能生'当资源去开发"，实施分层施教，狠抓薄弱学科补差，努力提高他们的综合素质和整体竞争力。这既是素质教育的大目标，也是应试决胜的大战略。各学校、各班级要建立优生档案和补差档案，每个档案生都有跟踪学科教师，每次考试都要有反馈表格，对各个学科都要有成绩跟踪变化表。推进的过程是漫长而艰难的，可我们只有这样的推进，才能使一批成绩暂时落后的学生考出好成绩。

没有差生，只有差异。用宽容去化解学生厌学情绪。有位校长说过这样一番话，现在想来，既是笑话，也不无道理：考100分的学生你要对他好，以后他会成为科学家；考80分的学生你要对他好，以后他可能和你做同事；考试不及格的学生你要对他好，以后他可能会捐钱给学校；中途退学的学生，你也要对他好，他可能会成为比尔·盖茨或乔布斯；爱打架的学生你要对他好，将来他可能会成为警察；胡搅蛮缠的学生你要对他好，将来他可能会成为优秀城管；考试作弊的学生你也要对他好，他将来会当官的。

3.引导学生、教师、家长，形成有效教育合力

在今年的教师节大会上，我记得说过这个问题：一个学生对于我们来说可能是百分之一或几百分之一，可对于家庭来说他就是百分之百；对我们来说，一届学生未教好，还会有下一届，还可以从头再来，而对于一个家庭和一个孩子来说，根本就不可能从头再来。因此，在毕业班工作中，我们要紧紧依靠家长，科学引导家长，将家庭教育与学校教育形成合力。两所学校要科学决策，合理筹划，努力使教师、学生和家长，三个方面以最小的角度形成合力。我还是那句话：希望大家用更加理智的行动、更加温暖的语言、更加周密的安排一点一点地赢取家长的支持。

二、转变机制，走活教学管理一盘棋

"不同的管理机制必将产生不同的管理效益"。走活教学管理一盘棋，必须转换管理机制，激发适度竞争，实现微观搞活。没有优胜劣汰的竞争机制，干好干坏一个样，学好学坏一个样，必然导致教师积极性不高、疏于管理、荒于钻研，学生盲目乐观、得过且过、小"富"即安。当然，教育工作又不同于工厂生产，过分精确核算和考评不仅不科学，还会导致恶性竞争、相互保守等负面现象，影响整体效益的发挥。因此，在教学管理的层面上，我们要努力创设良性竞争的互动机制，保证毕业班教学工作健康有序地开展。

今天开会前，两所学校已经根据中考成绩对相关教师进行了奖励，中心学校也对教学有功人员进行了重奖。我们经过反复讨论、数次酝酿，制定了2013年中考奖励办法，孙佃国主任也已经宣读了新的目标奖励办法，目的就是让大家赶有方向，比有目标，干有动力；通过奖励，让大家干有甜头，干有奔头，干有劲头。

教育的发展进步不是等来的，它需要每一位教师的积极参与、勇于担当。当面对困境时，大家都放弃表达自己意见的权利，都去做不闻不问、逆来顺受的老好人，只会让周围的环境变得越来越糟。困难面前，怨天尤人没有出息，左顾右盼没有出路。希望大家在新一轮的竞争中，以奋发向上的斗志、勇往直前的气势，直面困难，迎难而上，顽强拼搏。一是自己跟自己比，看看到底个人能力是大是小，水平是高是低，有没有不断超越自己；二是跟兄弟学校赛一赛，拿出质量来比一比，我们并不是天生的落后，只要我们自己不小看自己，在差距面前不气馁，落后面前不落志，就一定能够干出一番令人刮目相看的事业。

三、科学拼搏，构建毕业班教学工作的有效平台

教育是科学和艺术的结合。作为科学，教育既是博大精深的传统科学，也是新知迭出的前沿科学。探索规律、科学拼搏是教育工作永恒的主题。毕业阶段，学习时间紧、教学任务重，人们往往强调苦干的多，鼓励科研的少。实际上，这也是一种误区。正因为时间紧、任务重，我们才更需要遵循规律，科学拼搏，提高效益，事半功倍。

科学训练是中考制胜的法宝。"教为主导，学为主体，练为主线"的原则大家都很清楚。因此，在毕业班教学中，教师要把握好一定的"度"。

首先，在训练内容安排上，我认为，教师应该把握好"三度"：

（1）力求广度。知识的覆盖面要广，思维的空间要广。

（2）挖掘深度。在大纲、考试说明的要求范围内挖掘深度，在学生的"最近发展区"内挖掘深度，而不是通过搞擦边题或者任意扩大知识面等方法来提高"深度"。那样只会挫伤学生的学习积极性，也偏离了中考的方向。

（3）降低难度。不搞偏题、怪题、难题，少搞大型综合题，尤其在第一轮复习训练中，重在"双基"的落实，而不是一味增加难度。能力的培养和提高也要循序渐进，要靠平时的积累，靠学生自己的积累上升。

其次，在训练的组织安排上，教师要注意把握以下"三度"：

（1）控制强度。一味地加大运动量训练，学生来不及消化吸收，更谈不上巩固、提高，这就失去了训练的意义。一般情况下，随着复习进度的深入，学生答题的准确性和速度会逐渐增强，训练的强度也应该相应加大。

（2）保证频度。训练应保证有适当的频度，很多教师为了减少麻烦，经

第四辑 智言睿语，成事达人

常用增大强度的方法来减少频度。很长时间才做一次练习，而一次练习又做很多。这样实际上不如将同样的习题量分散完成，效果反而显著，也符合记忆规律。课课有练习，节节练、章章清，这是我们的一贯做法。

（3）提高效度。力戒重复的陈题，反对偏题、怪题，杜绝错题。练要练在学生的最近发展区，着眼点要放在中等学生的提高上。教师要做到每练必批，每练必评。

老师们，目前，毕业班教学工作已进入关键时期。我们坚信，只要我们尊重规律，科学拼搏，团结一心，携手并进，兢兢业业，扎实工作，通过大家的共同努力，一定会赢得我们镇明年中考好的成绩！

统一思想　提高认识
努力开创教育工作新局面

——在2013年全镇教育干部会议上的讲话

各位校长：

今天召集大家召开这次会议，目的是落实全县教育干部工作会议精神，传达王局长对教育发展的新要求，总结工作得失，分析存在问题，明确发展方向，突出工作重点。在此，我重点讲两方面问题。

一、当前重点做好五方面工作

1. 思想上重视，维护好教育体育系统和谐稳定

保持教育体育系统的和谐稳定，保障广大师生的人身安全永远是学校各项工作的首要任务。从当前各中小学的安全状况看，整体情况不容乐观，主要表现在以下三个方面。一是部分学校不同程度地存在危墙、危厕，校舍设施安全隐患没有得到彻底整治，安全隐患依然存在。前期，我们只进行了不安全屋盖改造，校舍相对较好，但也有个别单位重视程度不够，没有按照改造标准进行操作，只是完成了所谓的"任务"；还有的为了争取资金，谎报工程建设资金等。

二是学校安全保卫工作还有疏漏。部分学校夜间教师值班不到位、教师巡逻检查次数少、记录不翔实，个别学校门卫管理不严，社会人员和车辆随

便出入现象又有抬头趋势。学校安全工作是一项长期工作，我们应该将安全管理制度化、常规化，不能一阵风。就拿门卫管理来说，请大家扪心自问，现在的管理是不是一如既往，门卫记录是不是流于形式。学校安保工作关系千百个孩子的生命健康安全，此项工作请大家回去后做好自查。从今天开始，市公安、安监部门已分赴各县区进行明察暗访，请大家高度重视，认真制定和落实好各项校园安全保卫制度，切实落实好一把手工程和责任追究制。

三是交通安全管理及安全教育需继续加强。从目前了解的情况看，个别学校还存在12周岁以下学生骑自行车，学生不遵守交通规则、骑车戏耍玩闹、骑车"大撒把"等现象，希望有关学校高度重视。这个问题之所以存在，暴露出交通安全教育不到位，我们学校的安全课没有起到防患于未然的作用。这个问题又从侧面反映了学校教学管理上的疏漏，安全课是否按时上，是否存在被挤占现象。

解决以上问题，要重点做好以下几项工作：针对校舍安全问题要及早开展一次安全大检查，登记造册，及时整改并落实岗位责任。同时，希望各学校八仙过海各显神通，清理整顿门口小吃摊等，有的要力争取缔，没有的要守好这块"净土"。针对学校安保问题，各校要规范门卫管理，落实出入校登记、夜间值班、领导带班等制度；要充分利用监控设备功能，强化人防技防措施，确保不发生校园安全责任事件。针对交通安全问题，最重要的是要加强安全教育，利用一切可能的形式和机会讲安全，教育学生不在公路上打闹，注意雨雪天气骑车安全，进一步规范完善学校门前道路交通标志和交通设施。以上问题，我讲得很细，这些内容，县局召开的安全会议上也提到过，今天我们又强调，就是因为安全工作必须高度重视，必须时刻挂在嘴上，记在心间。说到底，安全问题关键是落实，安全问题能否抓好，关键机制是否得到完善，监督是否严格到位。如果这一切严格得到落实，那么不安全事件的发生必将大大降低，平安和谐校园建设必将取得新的突破。

要想建立和谐教育，我们还得谈谈稳定。新形势下保持好教育体育系统的总体稳定，正确处理好师生关系、师师关系、家长与教师关系以及干群关系尤为重要。教育系统是一个高学历人才组成的群体，任何风吹草动都会造成不良影响，因而我们一定要带领广大教师认真学习好师德建设有关规定，坚决杜绝因体罚、变相体罚学生、讽刺挖苦学生等引起的师生矛盾、教师与家长之间的矛盾发生。此外，我们还要高度重视因评先选优、晋职晋级不公造成的师师、干群矛盾发生。（收取教辅资料等费用，一定要发放明白纸，争取家长的理解支持，别贸然行事）而这一切，都需要我们在平时不断加强师德建设，规范教育教学行为，制定完善好评先选优机制，加强校务公开，防患于未然。

2.方向上明确，定位好教学质量中心地位

教学工作是学校的中心工作，教育质量是学校工作的生命线。要想流坡坞教育洼地崛起，稳步提高教育质量是家长最关心的，也是社会最关注的，这是我们教育工作者最根本的责任。从近几年的情况看，我镇中考成绩不容乐观，小学教育教学质量也有下滑趋势（前营抽考四年级成绩不行），这也直接导致了乡镇孩子向城区学校流动现象，形成恶性循环。冷静分析，我认为造成这种现象的原因主要有：一是教师缺编严重。小学专业教师配备较少，音体美教师尤为短缺，兼课现象突出。从近几年的补充教师情况看，我镇补充青年教师与退休、流动教师数量基本呈平衡态势。再加上老龄化现象严重，教育教学质量无法保证。二是师德建设亟待加强。因规范教学行为、不公布学生成绩等多方面原因，致使部分教师工作积极性不高。一些晋级无望或已经晋级的教师，责任心不强，频繁请假或请长假现象突出，也直接造成了部分学科不能正常开设或被挤占、挪用，影响了整个教师队伍的工作积极性。三是办学思路定位不准。近年来，推进素质教育已是人心所向，但部分教育干部对素质教育的认知存在偏颇，素质教育不是不要质量的教育，而是德智体美劳全面发展的教育，德育、智育永远是重中之重，任何淡化教育质量的行为都是不正确的，都是偏离教育方向的。

针对以上问题，我们应重点从以下方面寻求突破：一是端正教育质量为中心的思想。一切活动服务于教育质量中心，下一步我县将进一步巩固或加大年度综合督导中教育质量所占比率（本学期期中考试，我们就要抽测一到两个年级，并计入学期末总成绩，请各学校做好准备）。二是尽快启动名师

工程。充分发挥青年骨干教师的示范引领作用，培养我们自己的名师；同时加强对老教师的"唤醒"和"挖掘"，促使其发挥好示范引领作用，站好最后一班岗。在这方面，翟王镇中心小学为我们提供了可以借鉴的经验。三是完善师德及教学评价机制。利用好师德建设年平台，规范教师行为，严肃教育或处理师德失范教师；创新教学质量评价方式，完善教学评价机制，切实提高广大教师的教学积极性。

3. 制度上健全，推进好学校精细化管理进程

实施学校精细化管理是我们为提高学校管理水平，探索建立现代学校管理制度，进而推进教育均衡发展而实施的一项新举措。本学期初，县局组织人员对全县37所中小学和25所幼儿园的常规管理以及《阳信县教育体育局关于加强全县中小学精细化管理的实施意见》落实情况进行了检查。从反馈的情况看，各中小学精细化管理意识进一步增强，在学校办学行为、行政管理、教学质量、师生管理、校园环境、后勤服务等方面均做了一些探索，部分学校成效明显。例如，劳店镇中心学校制定了《劳店镇中心校精细化管理评估细则》，从5类17项49条细则入手对各学校精细管理进行定期考核；河流镇中心小学等在完善常规管理制度的基础上实行"周清月结"工作制；实验小学加强校园秩序管理，学生在校内行走自觉成队，闭校期间教师和学生外出一律凭条出入；雷家中学、信城街道中学等学校实行学生到校情况日报告制度等。但在实施精细化管理的过程中，有的学校也暴露出一些问题，主要表现在常规管理需进一步完善、办学行为还不够规范、师生管理仍需加强等方面。大家试想一想，当我们进入校园发现学校教学楼楼梯、走廊布满尘土，教职工车辆随意停放，多媒体教学设备至今还没有安装调试到位，班级近50%以上学生执笔姿势不正确，教师迟到早退时有发生等现象时，我们还谈什么精细化管理，就是常规管理也极其不到位（王局长说的这些问题都是在各局长、科室长调研中发现的，可以对号入座）。

所以说，谈精细化管理不能只停留在说上，更重要的是落实到行动上，体现在师生行为上、学校环境上，甚至是学生的一个微笑、班主任的一声问候上。我认为精细化管理是一种理念、一种文化，精细化管理强调将工作

做细、做精，它是可以复制、模仿、延续的。因而，精细化管理机制建立了，并且不断地得到落实和强化，时间长了，它就会形成一种风气、一种正气、一种习惯、一种文化，这也就是我们常说的学校的"内涵式发展"（曹集小学放学自然站队成行）。我认为，学校管理做到精细化必须从五方面抓起：

一是从职责抓起。学校要有明确的岗位职责，各个岗位有什么要求，怎么做，按什么程序，都要非常细致清楚，可编印成册，不管你在哪个岗位，一看就明白，实现真正的全员管理。（制度再好，落实不到位，一切等于零。魏书生做校长，可以十天半月不在学校，但学校照样运行得很好，各岗位、各人员都在履行自己的职责，没有办不好的事情）

二是从规范抓起。规范的建立不但有据可依，而且能够忙而不乱，便于把事情做细做精。学校的各项工作都要按程序化的规范要求去做，环环相扣，以减少管理过程中各种问题的产生，从而形成管理有规范、人人懂规范、做事讲规范的工作习惯。学校管理只要逐步形成一套完备的考核、评价、监督机制，学校许多常规工作不需安排，学校工作也能有序运转，学校可最大限度地减少会议，让教师有更多的时间和精力专注于教育教学。

三是从制度抓起。学校应加强三方面的制度建设，包括职责类、规范类、奖励类。制度健全，条款细化，操作性强，就能使学校管理由粗变细，由细变精，避免"粗放型"管理现象的出现。

四是从执行抓起。制度的精细化包括制订与落实两方面，以落实为关键。再好的制度，没有人去很好地执行，其作用也不能得到发挥。为此，学校精细化管理必须在执行操作等层面做到精细化。

五是从局部抓起。学校可首先考虑处室及班级的细化管理，积累经验，丰富实践，然后逐步展开，层层推进，最终实现全校各个环节的精细化目标。

4. 措施上跟进，完成好教育重点工程建设任务

关于学校重点工程建设，这里主要包括校舍安全工程、标准化幼儿园建设工程、薄弱学校改造工程、校舍维修改造工程、不安全屋盖改造工程、食堂建设工程等。这些项目建设惠及子孙，一定要高度重视，确保质量。校

舍安全工程、标准化幼儿园建设工程方面，我镇也取得了重要进展，这在全县处于领先地位。当然，还有个别工程进度总体较为缓慢。当前，教育建设工程面临的主要问题是个别单位的工作态度不够积极，对项目建设监督力度不够，缺乏科学、严格的管理，档案管理不够规范，没有保留原始文字材料和影像资料。在当前形势下，所有教育工程必须招投标，直接指定施工方是严重的违规行为。针对这些问题，学校要充分发挥主动性，不等不靠，多措并举争取资金（爱心人士、爱心企业），确保工程质量和进度。要严格落实工程建设质量终身负责制和责任追究制，严格按照相关建筑标准组织施工，坚决杜绝"三无"工程，让你在位时的工程，干一处成一处，给后人留下美谈，千万别留下话柄，埋怨多年。要加强档案管理，确保基建档案资料齐全，管理规范。对已完工的项目，要按照基建资料内容要求，做好资料的搜集、整理、组卷、装订等工作，缺失的要及时补办，要做到专人管理，确保档案的永久性。基建档案建设要实现三个目标：一是有据可查，二是发展见证，三是证明清白。

针对这些问题，下一步我们应从多方面采取措施，确保工程质量和进度：要积极争取政府和有关部门加大在政策、资金等方面的支持力度，争取各级领导切实把教育专项工程作为惠及民生、确保师生生命安全的大事来抓，多措并举争取资金（爱心人士、爱心企业），确保学校建设资金到位；要积极协调规划、土地、住建、人防、消防等部门减少审批手续，加快工程进度；要科学调整规划学校布局，学校改扩建规划设计要用有资质的设计部门。

5.政治上敏锐，弘扬好教育体育系统为民、务实、清廉风气

自党的十八大召开以来，新的中央领导集体以前所未有的力度和魄力做了几件大事，并以身作则，从自身做起，自上到下展开，取得了良好效果，得到了广大人民群众的支持和拥护。从中央政治局八项规定的出台到六项禁令的实施，从外交、军事等政策的转变到群众路线教育活动的开展，可以说几件事情都做得很实在、很有成效，一以贯之，逐步深入。这不是短时间的行为，这是长时间工作，绝不会一阵风，务必请在座各位校长高度重视，认

真对待。我们常说"讲政治、讲正气、讲纪律"，什么是政治，这就是政治，请大家务必在政治上、纪律上与上级政策、各级党委政府保持高度一致，务必保持政治上的清醒头脑和敏锐性，不但要约束好自己，还要管理好下属，规范好行为，执行好纪律。结合上级有关政策及我镇教育实际，请大家认真做好以下几点：

（1）要高度重视党风廉政建设的重要性。

党风廉政建设和反腐败斗争是关系党和国家生死存亡的大事。党风、政风的好坏，事关人心向背。党的十八大报告中提出："要坚持中国特色反腐倡廉道路，坚持标本兼治，综合治理，惩防并举、注重预防方针，全面推进惩治和预防腐败体系建设。"反腐倡廉建设是我们党在当前形势下，必须始终抓好的头等大事、头等政治任务。2012年年底中央出台的"八项规定""六项禁令"，不但对党风廉政建设提出了具体要求，而且派出了中央督察组到全国各地检查对"八项规定""六项禁令"的落实情况，由此全国掀起了一场"自上而下"加强党风廉政建设和反腐败斗争的风暴。我县也将2013年定为"工作作风改进年"，县纪委、监察局相继出台了《深入开展党的群众路线教育实践活动的实施方案》《关于在全县开展机关作风纪律明察暗访的工作方案》等文件（县纪委已经在县直单位开始了明察暗访，其中个别学校的教师被查到上网聊天、炒股、购物等行为）。无论从现在的形势来看，还是从我们的实际工作及个人成长需要来看，我们都必须从政治的高度充分认识加强党风廉政建设的重要性。

（2）要清醒地认识到我们自身及身边存在的问题。

① 从县纪委检查反馈和我们自己实际掌握的情况来看，部分单位还存在教师办公时间上网聊天、玩游戏、购物、炒股，教学中存在体罚和变相体罚学生，工作中擅自外出、迟到早退等现象，这些细节都说明我们教育系统还不同程度存在着常规管理不规范、工作纪律不严格、工作作风待改善等问题。

② 县内外教育系统及其他部门不断曝出的公车私用、公款吃喝、违反禁酒令等问题，也提醒我们要时刻严格约束自身，决不能有任何侥幸心理。

③ 网上不断曝出的严重违反教师职业道德的事例，对教师队伍形象也产

生了非常消极的影响，引起了全社会对教师队伍素质的广泛关注。这些都要求我们在抓好教学工作的同时，决不能忽视教师队伍职业道德建设，必须强化廉洁自律意识。

近期，滨州市通报7起违反"八项规定"的典型问题（其中除邹平、滨城区为公款走访和公款吃喝问题外，阳信、惠民、无棣、博兴、滨州市都是涉及公车违规使用问题）。山东省纪委、监察厅查处7起违反中央"八项规定"精神和"省实施办法"的个人和单位，并进行了通报（其中涉及公款旅游2起、大摆婚宴1起、公车私用4起，7案件中涉及学校的就有3起）。另外，福建省今年以来查处违反"八项规定"的问题67起，处理120人，其中给予党纪处分的34人。最近福建省再次通报6起典型问题（其中"学子宴"1起、大办婚宴1起、公款旅游1起、公车私用2起）。这些违规案例为我们敲响了警钟，请大家对照自我，认真反思。

（3）要在严格要求好自己的同时抓好教师队伍建设。

为了搞好党风廉政建设工作，我们作为教育干部应努力做好以下几方面工作：

① 不辱使命，修身养德作表率。教育干部要做政治上的"明白人"，不断加强政治理论学习，树立终身学习理念，做学习型干部，树立大局观念，自觉把工作放在大局中去定位，以讲政治的高度看待问题，通过卓有成效的工作，保证教育事业健康发展的道路通畅。要做经济上的"清醒人"。教育干部不论职位高低，不管资历深浅，都要切记"奢靡之始，危亡之渐"的古训，克己自律；要时时处处管好自己的一双手，不贪不拿，耐得住清贫；要做作风上的"正派人"，每位教育干部要从根本上管好自己的一颗心，只有心灵一尘不染才能一身正气，不为名利所困，不为物欲所诱，不为人情所扰，堂堂正正做人，清清白白做事。

② 不负重托，尽职履责抓规范。单位负责人要把反腐倡廉工作摆在突出位置，做好教育系统人、财、物的监管、教育干部的党风廉政建设和教师队伍思想作风等工作，坚持标本兼治、综合治理、惩防并举、注重预防的方针，将工作的重点落在加强党风廉政建设和规范办学行为上。

③ 不留缝隙，防微杜渐优行风。要注重五个结合，我们必须将党风廉政建设与系统常规工作结合起来，即与治理软环境相结合，与治理"四乱"（乱收费、乱办班、乱补课、乱订教辅资料）相结合，与师德师风建设相结合，与治理慵懒散相结合，与学习教育活动相结合。同时，充分发挥党风廉政建设对日常工作的助推作用，将活动成效体现在各项目标任务的圆满完成上。

要解决五大问题，即解决法制意识淡薄的问题，解决大局观念不强的问题，解决执行意识弱化的问题，解决人情观念重的问题，解决学习意识不强的问题。

要实现五个改善，即作为一名教育干部，我们要积极从政治思想、工作作风、纪律观念、廉洁自律等方面开展自查自纠，结合中央"八项规定""六项禁令"及县纪委、监察局的有关文件精神，坚决整改到底，努力实现五个改善：一是政治素质明显改善。通过不断加强自身学习，以适应新形势下党和人民对教育干部的要求。二是工作能力明显改善。通过积极参加业务培训，提升自身工作能力。三是工作作风明显改善。通过健全机制、民主测评，充分发扬求真务实的作风，弘扬刻苦学习、开拓进取、埋头苦干的精神，以奋发有为的精神状态和真抓实干的工作作风，高标准、高质量地完成各项教育工作任务。四是教育环境明显改善。大力改善办学条件，努力加强学校管理，让教育发展的软硬环境明显改善。五是社会公信度明显改善。通过教育整顿，进一步加强党风廉政建设，规范办学行为，促进教育事业健康发展，以此赢得广大人民群众的好评，让教育公信度明显改善。

（4）要不留余地，积极主动地反对"四风"。

① 反对形式主义。着重解决知行不一、不求实效、应付差事、贪图虚名、弄虚作假等问题，坚决做到求真务实、脚踏实地，敢于担当、坚持原则，真正把心思用在干事创业上，把功夫下到出实招、求实效上。

② 反对官僚主义。着重解决脱离群众、脱离实际，生搬硬套、照本宣科，推诿扯皮、敷衍塞责，高高在上、漠视基层等问题。坚决做到深入工作实际、深入教学一线、深入教师队伍，坚持民主集中制，着力维护师生合法

权益。另外，王局长要求，扎实做好各单位密切联系群众工作，不流于形式，不走过场，提前圆满完成各项任务。

③反对享乐主义。着重解决思想空虚、精神萎靡，安于现状、不思进取，碌碌无为、得过且过，贪图享乐、追名逐利等问题。坚决做到牢记"两个务必"，克己奉公，勤政廉政，保持昂扬向上、奋发有为的精神状态。

④反对奢靡之风。着重解决自律不严、挥霍浪费，甚至以权谋私、腐化堕落等问题。坚守节约光荣、浪费可耻的思想观念，坚决做到艰苦朴素、勤俭办学、廉洁自律。王局长通报：特别是个别乡镇校长和中心校班子成员，在廉洁自律、公款消费等方面要力戒，因为个别同志已经触到红线，希望大家引以为戒。

二、定位准自身教育发展的主体地位

各位校长都是各单位的一把手、总负责人，落实好以上五项重点工作，需要大家动大脑筋，下大气力，不要静观其变。静观不会变，只会乱，而应积极引导、主动出击、努力协调。最后就以上工作落实，我再讲三点：

一是要"引领好方向"。不管是工程建设、学校管理，还是作风转变、廉政落实，都离不开大方向的引领。而大家就是火车头、掌舵人，只有把握好方向、完善好机制，我们的教育发展才不会偏离。所以在大政策、大方向的引领方面，我们校长是第一责任人。希望大家要认清当前教育发展的大形势，脚踏实地，攻坚克难，努力完成有关工作，推进本单位教育工作新发展。

二是要"关注好进度"。好的制度和机制可以学习、模仿，也可以探索。但好的体制、机制能否得以实施并发挥应有作用，关键在执行。有一个词说得好，叫"赢在执行"，怎样做到工作执行好、落到实处，关键在监督和调度。只要我们能定期对工作进行监督，对各种办学行为、从教行为进行督察，相信我们的各项工作就一定会取得突破。

三是要"塑造好形象"。作为单位一把手，每天都有无数双眼睛盯着我们。我们要努力塑造一个脚踏实地、廉洁勤政、永续创新的实干形象，不能留一个作风懈怠、思想僵化、工作迟滞的消极形象。我们要用自己的一言一行去影响所有人，进而积聚大家的正能量，推动各项工作取得新进展。

各位校长、同志们，流坡坞教育发展的接力棒交给了我们，我们没有理由放弃和懈怠。面对教育发展中出现的新情况、新问题，我们唯有直面困难，积极应对，创新工作，才能迎来全镇教育发展的又一个春天。我们必须严格按照"修厚德品行、炼一流素质、创优异业绩"的目标要求，以坚决的态度和过硬的措施，确保教育干部队伍思想有新境界、作风有新变化、素质有新提高、工作有新局面。最后用习近平总书记的一句话来与大家共勉："一定要树立求实精神，抓实事，求实效，真刀真枪干一场；衡量一个干部的好与差，就是看他能不能办实事，能不能打开局面。"

三、做好两项工作

一是反邪教知识竞赛，各学校要组织好，及时将《致家长的一封信》发放到学生家长手中，通过学生教育家长，提高社会知晓率，为全社会和谐稳定做出学校的贡献。

二是明天全运会开幕，大家要支持好全镇的工作，教育学生文明规范、和谐安全地参加运动会，听从带队教师管理，服从安排，争取比赛成绩和精神文明双丰收。特别是流坡坞学校要安排专人盯上靠上，及时调度进展情况，妥善解决突发性问题。

扬帆起航正当时　蓄意出发再接力

——在2014年全镇教育体育工作会议上的讲话

各位领导、老师们：

大家好！今天，我们在这里召开2014年全镇教育体育工作会议，本次会议是经中心学校商议并报请镇党委和局党委批准召开的一次重要会议。主要任务是，回顾总结2013年工作，研究和部署2014年工作，进一步统一思想，理清思路，明确任务，凝心聚力，攻坚克难，开拓创新，加快发展，努力开创全镇教育体育工作的新局面。以上，我们对在2013年工作中做出突出成绩的单位和个人进行了表彰，希望受表彰的单位和个人再接再厉，再创佳绩。刚才，我代表中心学校分别与几位校长代表签订了《2014年度党风廉政建设目标责任书》《2014年度平安和谐校园创建工作目标责任书》《2014年度计划生育工作目标责任书》《2014年度规范学校办学行为、推进素质教育责任书》，责任书就是军令状，希望大家认真抓好落实。稍后，县教育体育局领导还要作重要讲话，希望大家要认真学习领会并做好贯彻落实。下面，根据主任办公会研究的意见，讲三个方面问题。

一、2013年工作回顾

2013年，在局党委和镇党委的正确领导下，在社会各界的大力支持下，广大教育工作者抢抓机遇，扎实苦干，开拓创新，各方面工作取得了一定成效，做了一些以前想也不敢想的大事（新中心幼儿园建设、屋盖翻新工程、曹集实验室建设等），办也办不成的难事（民办园清理整顿、中学宿舍楼食堂建设等）。

1. 办学条件显著改善

一是投资75万元对曹集、周商、前营、北董、二陈等五所学区幼儿园进行了升级改造，大大提升了农村学区园的办园水平；计划投资500万元的省标准化镇中心幼儿园建设有序推进，主体工程已经完成，开春后将进行室内外装修。

二是各单位克服工期短暂、工作量大、资金短缺等困难，按时完成了校舍屋盖翻新工程。

三是投资60多万元，完成了曹集学校实验室建设，对流坡坞学校和曹集学校进行了绿化美化，在流坡坞学校建设了乡村少年宫，为各学校更换了铝合金门窗、办公桌玻璃台面等，改善了教师们的工作环境和办公条件。

四是计划投资600万元的流坡坞学校学生公寓楼、学生餐厅及多功能报告厅项目，已经完成规划立项、图纸设计、桩基施工等前期工作。

2. 教师队伍素质不断提高

全镇启动了"名师培养工程"，为教师专业成长开辟了新途径；举办了"'与专家同行'，成玉丽老师报告会"和全镇班主任工作论坛，为广大老师搭建了共享成功经验、共同探讨问题的平台；实施了"读中外名著，做智慧教师"读书工程，有效促进了教师理论水平的提高；开展了师德教育系列活动，激发了教师的敬业意识和奉献精神，教师的综合素质得到了进一步提升。李秀芳入选"滨州市'三名'建设工程"，有3人入选县"三名"建设工程，有80多人次在各级各类比赛中获奖。

3. 教学教研成果丰硕

全镇开展了送课到校、听评课、磨课活动，使青年骨干教师得到了锻炼；加强校本课程开发，编辑印刷了《文明礼仪》《民间艺术》《风土人情》等系列校本教材；在2013年，有4项县级课题通过立项、4项县级课题结题、1项省级课题正在鉴定；在全县优质课评选中，我镇有7名教师获奖；张付亭、宋雪梅老师分别在全市优质课评选中获奖。

4. 学校管理水平特色明显

全镇开展了"'争献金点子，我当智多星'为教育体育发展建言献策"活动，凝聚了各界智慧，推进了学校民主管理；实施工作效能提升考核，各学校强化了责任意识、时间意识、效率意识，工作作风明显改进，办事效率明显提高；流坡坞学校被评为"市级民族团结示范校"，入选全国"零犯罪学校"创建活动单位；曹集小学教学成绩继续在全镇领跑，在全县乒乓球比赛中获女子团体第四名；北董小学在全省远程研修中被评为优秀组织单位；褚家小学荣获滨州市"传承文明，共筑梦想"经典诵读活动三等奖；前营小学被评为"市级绿色学校"；周商小学在滨州市少儿门球比赛中荣获银奖，被评为全县中小学观摩优秀单位；另外，有3位校长的论文被县教体局集结交流。

5. 平安和谐校园建设成效显著

全镇上下牢固树立安全第一的思想，狠抓学校安全工作，坚持所有检查都要查安全，所有会议都要讲安全，所有活动都要保安全，严格落实目标责任制，及时整改、消除了安全隐患；坚持公平、公正、公开的原则，妥善完成了职称评审、原民师代课教师摸底工作，赢得了教师和社会的认可。镇中心学校被授予全县2013年度平安和谐校园创建先进单位。

6. 学前教育发展势头良好

在镇党委政府的坚强领导下，我们对非法民办园进行了多次清理整顿，先后关停非法民办园9所，消除了安全隐患；积极开展教学技能比赛活动，马玉芝、菅会玲、张秀坤、马静等4位教师在全县幼教比赛中获奖；认真做好困难家庭幼儿救助工作，受益幼儿达137人次。

回顾一年来的工作，流坡坞教育之所以能够取得上述成绩，我们认为，有三条宝贵的经验值得总结：

一是党委政府高度重教。镇党委政府始终把教育放在优先发展的突出位置，镇主要领导和分管领导高度关注教育，经常专题研究教育，帮助学校出主意、想办法，有力地促进了各项工作的顺利开展。各办事处把支持教育摆在重要位置，主动为教育解决实际问题。与此同时，流坡坞镇范围内各企业、个人、村庄、南街清真寺阿訇等积极配合学校开展工作，形成了助教支教合力，共同营造了教育发展的良好环境。

二是广大教师无私奉献。流坡坞镇属于偏远乡镇，在流坡坞工作的教师辛苦。但我们的广大教师爱岗敬业，可亲可敬。很多教师克服基础条件差、优秀生源少的困难，对学生进行耐心细致的思想教育，帮助学生进步；有的教师富于创新，教学业务精湛，深受学生爱戴。不少老教师，像孙冬梅、岳志华、董雪芹、宋福银、刘保重、菅秀兰等几位老师，充分发挥经验丰富、教学顶梁柱的作用，出满勤、干满点，师德良好，成绩优异，为年轻教师树立了榜样。正是由于有广大教师的默默耕耘，无私奉献，我们的学校才保持着生机与活力，我们的工作才充满希望和梦想。

三是教育干部务实有为。校长难当，尤其在我们这样一个周边环境复杂、队伍参差不齐、建设任务繁重的乡镇，校长更加难当。但是，面对如此状况，我们的校长们沉着应对，既当指挥员，又当战斗员，灵活有序化解教育的各种矛盾，承受了太多的压力和困惑。还有广大中层干部，你们不分白天黑夜，不管刮风下雨，工作中一岗多责、相互帮助、加班加点，任劳任怨、默默奉献，与广大教师共同担起了流坡坞教育洼地崛起的重任，你们是流坡坞教育的有功之臣！

在此，我代表镇中心学校，向为流坡坞教育付出艰苦努力的广大教育工作者表示衷心的感谢，致以崇高的敬意！

在充分肯定2013年工作成绩的同时，我们必须清醒地看到我们的工作还存在一些突出问题：

一是教学质量离人民群众的高要求有一定的差距。从总的来说，我们的教学质量特别是中学教学质量与先进学校相比还不够高，还不能很好地满足人民群众希望自己的孩子能够接受好的教育，有好的学习成绩，能够顺利升学的热切期待。学校教育质量不能满足群众要求，导致学生特别是学习好的学生转学或流失，从而进一步影响了质量的提高。

二是教育基础设施少，实验室建设、功能用房的数量等还不能满足教育日益发展的需要；富有特色的学校不多，没有名校，难以满足群众日益增长的接受优质教育的需求。

三是全镇骨干教师的数量较少，还不能充分发挥引领作用。教师培训工作的计划性、系统性和实效性还不强，对课程改革实验的研究、指导不够，离有效课堂和高效课堂还存在一定差距。部分教师学习意识不浓，存在着不愿学习，不善于学习现象，有慵懒散状态，对自己已有的知识经验很满足，自我感觉良好，得过且过；只顾低头拉车，不会抬头望路，因循守旧现象严重，不能做到理论与实践相结合，不善于创新；等等，这些都对教育教学质量的提高有很大的影响。

四是教师老龄化问题日益突出，大部分小学师资队伍老化，年轻教师严重不足，出现断层现象。

五是部分教育干部工作缺乏主动性、创造性，不善于动脑思考，习惯于以往的工作方式，安于现状，工作被动滞后，思想境界不高，眼界不宽阔，眼光不长远，工作方法陈旧，只限于完成规定性的工作，不能创新性的发展学校，使得学校没有特色。甚至有些教育干部不能与上级保持一致，上有政策下有对策，工作敷衍了事。

六是部分教师未必合理的要求与学校想创新发展的工作要求相抵触。学校要发展、要创新，这是学校永恒的主题。但是部分教师却故步自封，停滞不前，用老眼光看新问题，用原来的要求和现在的要求对比，脱离实际，思想行动不能与时俱进，导致自己老是感觉学校要求过分，不讲人情，不体谅职工。从而与学校的整体发展不合拍，与学校的发展方向存在明显的偏离。

七是奖金福利补贴的禁止发放与教师的惯性要求相矛盾。按上级规定，学校不再给教师们发福利或补贴补助，这与教师的惯性要求产生了矛盾，部分教师将怨气指向学校及学校领导。在此，我们必须澄清一种认识：不发奖金福利补助，是新形势下的新要求，各单位和全体教职工必须不折不扣地执行好上级政策，严格落实好上级要求。

八是教师师德问题突出。教师队伍中从事第二职业、有偿家教、职业倦怠、不思进取、网游、网购、网聊及炒股、小病大养、无病呻吟、不按规定请假坐班、体罚或变相体罚学生等现象不同程度存在，严重损害了教师队伍形象，师德建设亟待加强。

学校德育工作的针对性和有效性还普遍不强，学生公民意识、纪律意识、文明礼仪教育、养成教育尚需继续强化，学生违反交通规则、打架斗殴、恃强凌弱、不爱护公物、在公共场所乱涂乱画乱扔杂物、相互高消费过生日、带手机进校园、早恋等现象还大有人在，学生的日常行为仍需进一步规范。

九是唯旗是夺、争先进位的工作氛围还不够浓厚，尤其是体现在全县部分可比性活动中，在活动面前没有斗志、士气。成绩不理想既有客观原因，但更重要的是认识不足，干劲不足，主动干事，想干、能干、会干、一定要干好的意识不强，决心不够大造成的。以前，教师们可能认为晋职晋级有了一个综合表彰，有了一个发表论文……就可以歇一歇，等一等，松口气，不干了。去年我们有一个很好的教师，各方面都很优秀，但晋级就没晋上；有一个教师也因为材料分少，就失去了评为"名师"的机会（蒋雪珍老师例子）。现在晋级要看你的累积得分，你所有荣誉称号、论文得分要在全市、全省排队，荣誉越多、称号越多、课题越多、论文越多、成绩越多，对自己越有利。相反，则会失去竞争力。

以上现状的分析，有些是全县各校普遍存在的问题，有些在我们流坡坞比较突出。有些问题的存在不是教师的问题，有社会大环境的问题、有制度的因素。我们分析现状，查摆问题，不是批评，是分析问题，查找病因，寻找解决问题的方法，希望教师们能够正确看待。

二、2014年工作思路和措施

2014年是促进教育事业快速发展的关键年，做好今年的教育工作具有十分重要的意义。2014年全镇教育工作的指导思想是：以党的十八大和十八届三中全会精神为指导，认真贯彻各级教育工作会议精神，按照"抓安全保稳定，抓队伍塑形象，抓质量促发展"的工作思路，求真务实、开拓创新，进一步提高办学水平和教育质量，促进全镇教育工作实现新跨越，再上新台阶。具体来说，就是要抓好十项工作。

1. 工程建设

抓好计划投资500万元的流坡坞学校学生公寓楼、学生餐厅及多功能报告厅建设，抓好投资500万元的新中心幼儿园建设，加强过程管理，确保工程质量，加快工程进度，力争按时完工，尽早让广大师生享受到办学条件改善带来的发展机遇；积极对接第二期学前教育三年行动计划，对北董学区园进行改扩建，争取建立分园；进一步改善曹集、前营、二陈等学区园办园条件，提升幼儿园整体办园水平。

2. 队伍建设

强化名师培养、培训力度，采取走出去、请进来的方式，积极参加各级、各类教学教研活动；采取多种方式，加强班主任队伍建设；充分发挥名师、骨干引领、辐射作用，开展多形式、多层面的区域教研活动，强化教师相互学习、合作研究；年内每学科至少聘请1名县级以上教学能手、学科带头人、优质课获奖者来流坡坞讲学，用他山之石更新观念，激发发展教育的新思维、新思路、新举措，努力提高教师队伍的整体素质。

3. 制度建设

各学校要牢固树立"制度面前人人平等"的管理理念，牢牢把握目标责任管理这根主线，把岗位责任目标分化到教学、德育、后勤等各个方面，细化到师生工作生活的每个环节，量化到考核评价的各项指标。做到条条有章可依、事事有据可查，领导凭制度说话，教师凭准则做事，依法治校、制度执教、依法管理，努力形成用规章制度管人管事的管理体制。

4. 师德建设

各学校要严格落实《阳信县中小学"师德建设提高年"活动实施方案》，开展以三心（事业心，责任心，进取心）、"三爱"（爱学校、爱学生、爱岗位）、"三让"（让社会满意、让家长放心、让学生信赖）为主要内容的师德教育活动。通过论坛、演讲、征文等比赛活动，进一步加强教师职业道德建设，在广大教师中大力弘扬三种精神：敬业精神、钻研精神、奉献精神，树立五种意识：质量意识、服务意识、合作意识、创新意识和竞争意识。大力营造敬业奉献的舆论氛围，激发教师以德修身、以德育人的积极性。

5. 教育质量

新学期，县教育体育局把教学质量摆在了重中之重的地位，加大了小学抽测和中考质量在教育督导评估中所占的权重。为此，我们必须明确一种认识，那就是实施素质教育并不是不要教学质量，而是通过教师良好的职业道德、精湛的业务能力、勤奋的工作态度，狠抓管理，更好地提高教学质量。因此，实施素质教育与提高教学质量并不矛盾，两者相辅相成、相得益彰，我们必须做好提高教学质量与实施素质教育的有效对接，要树立科学的质量观，以学生的终身发展为本，把"成人"与"成才"作为衡量教育质量的根本标准，狠抓教育质量不放松，确保教育质量尤其是中考成绩有新的提高。

一年一度的中考不仅是中学和中心学校的大事，更是学生家长关心的一件大事。学校要采取一切措施，调节好毕业班师生的精神状态，争取社会、家长的支持，千方百计为中考营造一个良好的氛围，确保中考质量逐步提升。让我们的学生家长在高中招生时少交钱甚至不交钱，我认为这就是办人民满意的教育的衡量指标之一。

6. 学校安全

各学校要坚持"以人为本、安全第一"的思想不动摇，立足一个"防"字，全面推进"校园天网"工程，切实加强安全教育，提高师生的安全意识和自我保护能力，把问题消灭在萌芽状态；狠抓一个"治"字，加强督查，及时查出、消除各种安全隐患；落实一个"责"字，实行一把手负责制和一票否决制，进一步完善抓学校工作的长效机制，确保年内不发生校园责任事故，努力创建"平安校园"，打造"平安教育"。

7. 德育工作

教育工作，德育为首，各学校要开展好"三爱"（爱学习、爱劳动、爱祖国）和"三节"（节粮、节水、节电）等各类主题教育活动，增强学生的社会责任感、创新精神和实践能力。落实《关于进一步加强学生行为习惯养成教育的意见》，各学校结合实际，通过丰富多彩的活动，从细节入手，从小事抓起，通过多种形式、多种方法培养学生文明礼仪习惯、良好学习习惯、健康生活习惯、安全行为习惯等，促进学生全面发展。通过学校培养，让学生在学校做个好学生，在家庭做个好孩子，在社会做个好公民，为社会做贡献。

各学校要倡导和推行学生社团建设，为学生全面成长、个性发展、形成学校特色搭建舞台，努力打造"人人有特长，班班有特色"的育人环境。（二陈小学德育活动精彩纷呈，不但没有影响教学质量，反而促进了成绩的提高，值得深思）。古语说：德胜才谓之君子，才胜德谓之小人。现在人们常说：有德有才是正品，有德无才是半成品，有才无德是危险品，我们相信每一位优秀的校长，一定不会放弃加强学校德育工作，这更是抓长远教育质量的必然途径。

8. 控辍工作

两所中学校长要带头抓控辍，亲自抓督查，班主任、任课教师都要各负其职，各尽其责，自觉主动地抓好控辍，形成一级做给一级看，一级带着一级干，层层推进、快抓落实的生动局面。各小学要做好在校学生的巩固率，坚持原则办理学籍异动手续，不符合条件不能随便转学。各学校要积极推进素质教育，全面执行课程计划，开全课程、开足课时，把学校办成乐园、学园、趣园，解决学生厌学问题，让学生进得来、留得住、学得好。

9. 环境创设

学校管理者要为教师积极创设优质工作环境，帮助教职工解决家庭和工作中的困难和问题，让教师愿意干。学校管理者要明确：任何情况下，学校都是教师工作生活的坚强后盾，要让教师走进学校享幸福，走出学校有尊严。学校就是全体教职工的"大家"，在"大家"里最安全、最幸福。

学校对工作成绩优秀的教师，既要给予精神鼓励，也要给予"物质"奖励，精神鼓励可以是授予荣誉称号，也可以用宣传栏、广播站、电视台、感谢信等形式宣传其先进事迹，让教师的家庭成员及对象所在单位、家庭所在村庄共同分享教师成功的喜悦，共同分享我们做教师的幸福；"物质"奖励可以优先安排学习培训，也可以在同等情况下优先评优评先晋级。同时，对工作热情不高、工作成绩不明显的教师也要按规章制度给予实事求是的评价。我们只有做到奖惩分明，才能积聚正能量，充分调动起教师工作积极性。

10. 学校管理

各学校要以修订《督导评估方案》为契机（不以过去论英雄，不看以前成绩，只看一年的发展变化，这就给了我们追赶的勇气和赶超的希望），抓好常规管理，向常规要效益。常规工作就是每天都要干的工作，任何工作都不能一口吃个胖子，都需要日积月累，只有扎实做好常规工作，才能真正保证最终结果的正确和优秀。要倡导多样化和个性化的办学路子，建设一批规范加特色学校。要处理好应对检查与平时工作的关系。督导检查是教育工作的一个重要环节，必要的检查是确保学校工作落实到位的有效手段，我们必须正确认识各级各类检查评估。干好工作凭的是理性和激情，不能凭个人喜好，愿意干的干点，不愿意干的应付。有的干部自认为能力很大，以自我为中心，总觉得别人不如他，遇事不冷静，动不动就使性子、拍桌子、撂挑子，不能够静心与人沟通。

各学校要养成良好的工作习惯，平时注意工作资料积累，认认真真做好本职工作，打好基础，当检查来临时，胸有成竹，不慌不忙，沉着应对；否则就会陷入应付检查、疲于奔命的恶性循环状态。

三、希望与要求

最后，诚恳地向大家提几点希望和要求，与大家共勉。

一是讲政治。讲政治就是要求大家不管在什么岗位上，都要与各级党委政府、教育行政部门保持一致，坚持理想信念不动摇，正确定位自己的身份，坚决服从上级领导，严格执行上级政策，做到政令畅通，听从统一指挥，服从集体安排，保证日常工作的合理、科学秩序。广大教师要树立廉洁从教的思想，时刻保持清醒的头脑，时刻检查自己的言行，不为名所累，不为利所缚，不为权所动，不为欲所惑，清清白白做事，堂堂正正做人，维护教师的良好形象。要扎实开展党的群众路线教育活动，按照活动要求，把学习教育、听取意见，查摆问题、开展批评，整改落实、建章立制等环节深入群众、深入一线、深入课堂，党员教师要以改进工作作风、密切联系群众的实际行动，扎实推进学校各项工作又好又快发展，确保活动取得实实在在的成效。

二是讲学习。教育发展靠教师，教师成长靠学习，加强学习是干好工作与提高自身素质的必要途径。在学校，领导干部要学习如何提高领导力、执行力和创新力，要研究教育教学管理的新方法和新思路，用科学的管理去引领学校师生发展；作为教师要多学习教师专业标准、课程标准、先进理念，用最前沿的理念指导自己的教育教学过程，提高自身修养；后勤人员也要学习，学习如何高效服务，节约学校资源，提高办事效率。总之，学习始终是每一位教育工作者，包括我在内一个永恒的主题。全体教职工都要讲学习（读中外名著，做智慧教师），时时学，处处学，向群众学，向实践学，向书本学，向网络学，向经验教训学，向先进学，向社会学，做学习型个人，建学习型办公室。

三是讲品行。干啥说啥，当教师加强师德修养应该放在第一位。师德修养具体体现在日常工作的每一个细节中，如按时签到签退，上班时间不外出，有事请假，工作日中午不饮酒，不办公时间上网、聊天、购物、炒股、网恋、打扑克等与工作无关的事情。外来人员到中心学校或学校办事，实行首问负责制，不管问到谁，不管到哪一个办公室，都要以礼相待，认真负责，热情周到，能办的事立即办，不能办的要做好解释说明。我们要响应国家节约号召，从自身做起，从小事做起，不搞铺张浪费，从节约每一滴水、每一度电、每一张纸、一粒粮做起，做节约型人，创节约型办公室，建节约型学校。当教师就是个良心"买卖"，良心在哪里，就体现在教师良好的品行上，能给学生做个好榜样，学校里有了好榜样，就不愁学生的好品行。

四是讲责任。有高度的责任感，知道自己所担负工作的职责，明白自己的工作任务，勇于担当。责任感是对一个人的基本要求，要敢于负责，对工作做到不塞责，不推诿，不散漫，不马虎。我们要做到在其位，谋其政，特别是班子成员要有协作精神、配角意识、补台观念。我们不能当好好先生，要强化执行力，按质、按量、按时完成自己的工作，每个人都做到了，学校的工作就做好了，积小胜为大胜，星星之火，可以燎原。

五是讲奉献。在工作和生活中，我们要多付出。有付出，才有回报，天上不会掉馅饼。工作不要光讲条件，不要埋怨组织给予报酬少，不要向组织提额外条件，要多干实事、干好事。不要光喊苦叫累，牢骚满腹，要做到大公无私，清正廉洁，任劳任怨，不计个人得失。要多一份贡献，少一分抱怨。要做到不打小算盘，不搞小动作，不划小圈子，不听小报告，不要小聪明，不使小心眼，努力把工作做好，在奉献的同时，自然获得认可。

六是讲行动。干工作最重要的不是说了什么，而是做了什么。教育是一项"一分耕耘一分收获"的事业，如果我们只是停留在说说、想想、研究、讨论、考虑考虑……的层面，就是不落实，就是缺乏行动，那么一切都是空谈。空谈误校，实干兴校。一想二干三成功，一等二看三落空（有人做事怕花钱，搞活动怕出事，就是不怕落后）。教育工作有规律可循，不用说大道理，就是需要俯下身子，踏踏实实去做，以踏石留印、抓铁有痕的工作力度抓落实，干实事，实干事，看实效。从一点一滴做起，从一言一行做起，因此，我希望大家今后少说做了多少，做得多么好，要看实实在在的行动，看看做出了多少成绩，做出了多少让学生和家长满意的事情，做出了多少让社会和领导认可的事情，这样，我们的学校才会进步，我们的教育才会发展。

七是讲成绩。工作好与坏，付出多与少，人们认可不认可，要看成绩，看最后结果。有作为才有地位，有成绩才有发展，我们要逐步淡化"无功劳也有苦劳"的观念，树立"无功便是过"的思想；要有干劲，不能沉湎于过去的成绩、功劳；要向前看、向周边看，做到永不自满，永不停止。各学校更要树立这种思想，大学校办大事，小学校办小事，校校办实事，学校抓好每件小事，学生不会出现大事。

八是讲团结。我们经常说，团结就是力量。团结怎么就是力量呢？一帮人在一起就是力量吗？显然不是，有可能是乌合之众、一盘散沙。团结是指一班人心往一块想、劲往一处使，只有这样才能产生一个人、两个人所产生不了的力量。而这种力量一旦具备，再大的困难也能克服，如汶川大地震，万众一心，众志成城。团结出正气、团结出战斗力、团结出成绩、团结出干部，我们只要心往一处想，劲往一处使，没有干不好的工作。反过来，每个人凡事都以一己之利为前提，有事先打自己的"小九九"，怕自己吃了亏，不仅会害了集体，更会害了个人。有时候讲团结不仅仅是指在某些大事上，更多的时候是体现在日常小事上。大家在一起工作是难得的缘分，要多研究工作，多研究困难；多琢磨事，少琢磨人；多理解，少猜疑；多听正道，少听谗言，凡事以集体利益为先，既体现了团结，也成长了个人。

九是讲宽容。很多看似不好理解或者说矛盾的事情，一旦换个角度，换个位置，都会是迥然不同的结果。在我们朝夕相处的过程中，难免勺子不碰锅沿，不可能事事顺自己的心、如自己的意。领导与教职工、教师与学生、教师与家长、自己与其他同事，前勤工作与后勤工作，各教研组之间等，没有恩怨情仇，更没有深仇大恨，如果都能心胸开阔，将心比心，换位思考，不计恩怨，不记旧恨，不乱攀比，能够拥有知足常乐的心态和包容一切的胸怀来相处的话，所有的困难都不是困难，所有的问题都不是问题，而且我们会感觉到虽然辛苦，但是舒心、快乐！

十是讲幸福。幸福不是你房子有多大，而是房里的笑声有多甜；幸福不是你开多豪华的车，而是你开着车平安到家；幸福不是你的爱人多漂亮，而是爱人的笑容多灿烂；幸福不是在你成功时的喝彩多热烈，而是失意时有个声音对你说：朋友别倒下！幸福不是你听过多少甜言蜜语，而是你伤心落泪时有人对你说：没事，有我在！

俗话说，身体是革命的本钱。工作可以大家一起干，但身体不好谁也替不了。健康高于财富，有了健康，才拥有一切。不管是为了个人少受罪，还是为了学校做贡献，都要坚持锻炼（该出手时就出手），有一个好身体，健康是福。

家庭是否平安和谐，关系着每一个成员的幸福指数，我们要少喝酒（杜绝酒驾）、不吸烟，少发脾气多干事，平平安安上班来，快快乐乐回家去，平安是福。

我们在集体中生活，不像自己的小家庭，可以随心所欲。有时候自己是兄弟姐妹当中最小的一个，或者家庭中就自己一个儿女，家人宠着、惯着，来到学校，需要担当起集体分配的任务，担当起教书育人的崇高职责，有时候不适应，导致关系不融洽，心情郁闷，工作效率低、成绩差。而相反的是融洽的同事关系、师生关系、家长关系，甚至包括与学校周围村庄、邻居的关系，这些都能让我们在工作的时候心情舒畅，轻松自在。我们只有坦诚相见，以心换心，别人与我们合作共事才会感到放心，我们才能放心大胆地开展工作，没有后顾之忧，天天保持好心情，快乐是福。

思人恩德，想人好处，这叫"聚光"，光向上走，表现在脸上，就是微笑，微笑的脸是元宝形，嘴像莲花一样，肯定幸福。想人不好，抱怨人，嫉妒人，憎恨人，这叫"聚阴"，气阴则下沉，表现在脸上，就是冬瓜脸，苦瓜相，肯定倒霉。

春天是播种希望的季节。有句谚语说得好："春争早，夏争时。"这就清楚地告诉我们，抓工作必须早抓一时，快进一步，分秒必争，这样才能赢得全年工作的主动权。我们坚信，有局党委和镇党委的正确领导，有社会各界的鼎力支持，有教育体育系统广大干部职工的奋发努力，流坡坞镇教育一定能够在新的起点上实现更大跨越，流坡坞镇教育的明天一定会更加美好！

最后，恭祝大家身体健康、阖家幸福、事业有成、万事如意！

抢抓机遇 奋发有为 努力争做"四有"好老师

——在2015年全镇"好老师"培养工程启动仪式上的讲话

各位校长、主任：

刚才，几位主任、老师就有关工作进行了安排部署，春军主任就《水落坡好老师培养工程实施方案》进行了解读说明。有的校长可能说：这么多活动，怎么忙得过来？其实，也没必要一哄而上，眉毛胡子一把抓，要分清重点，分清时间，比如校长论坛是督导，时间相对宽松，可以慢慢来，再说也是教育干部的事；班主任论坛，是班主任的事，可以安排给班主任，准备个10天、8天，也有时间准备；"好老师"培养是教师层面的事，可以安排教师参与，三个层面，三个群体。当然，可能有交叉，这就要学会弹钢琴了，十个手指头都动起来。关键是，我们也考虑，让学校的每个层面、每个人都有事干，无事就会生非，大家考虑考虑是不是这么回事。

下面，根据"水落坡好老师"选培方案，结合自己学习的一些心得和自身的一些体会，谈一点自己的看法。

一、提高认识

目前，我镇现实情况是，学校多，教师多（年轻教师、老教师），学生多；名校少，特色少，名师少，特别是在省市县有影响的能手、带头人、优质课更少。用校长的话就是：分来的荣誉多，努力的成果少。教育要发展，关键在教师。老师好，则学生好；老师棒，则学生棒；老师强，则学校强。我们有这么多的优质资源，特别是年轻教师，为什么不利用？别说优势资源，就是垃圾，也是放错地方的资源，现在都能发电了（瑞典例子），我们不能守着聚宝盆，却要过苦日子。青年教师的成长与发展，决定着学校未来的发展，加强青年教师培养至关重要。我们在全镇教育工作会上讲过，现在的个别青年教师吃不得苦、受不得累，对工作得过且过、走马观花。为什么存在这些问题？我们相信，每一位刚从教的青年教师，从一般意义上讲，都是愿意奋斗、不甘寂寞、激情满怀、创意无限的老师，可能一些老师会苦于无门，不知从何处着手，不知从何处释放激情。我们就要给他创造机会，搭建平台。再不行，那就是他自己的事了，就是懒，就是庸，就是不思进取，就是一无是处。怎么办，我们就想到了"水落坡好老师"培养。

二、工作重点

1. 出台方案

春军主任及教学办几个老师，动了一番脑筋，出台了《水落坡好老师培养工程实施方案》，就是我们的2号文。"水落坡好老师"选培方案集校本教研、个人反思、同伴互助、专家引领等多项内容，正是青年教师成长的有效路径和捷径。

2. 选择导师

我们经过再三研究、慎重考虑，优中选优，好中选好，从市县教学能手、学科带头人中，选取了有一定影响力，有一定先进性，有业务特长，有组织能力，有大局观念，有高尚师德的五位名师成为"导师"。这也不是谁想干就干的，谁想参加就能参加的。各位导师服务全镇教育发展，服务中青年教师成长，逼迫自己再成长、再进步、再发展。参照"中国好声音"模式，我们也要进行拜师收徒，内容不变，但是形式新颖。这也是一种创新。

3. 教师考核与校长考核同时进行

推进"水落坡好老师"培养，校长的作用至关重要。校长的提醒、重视、强调、督促，对教师的成长起着不可替代的作用。校长的作用发挥如何，是我们重点考核的内容。简单来说，就是看学校教师在这项培养工程中的报名率、录取率、提名率，这几项指标相加，既是学校得分，也是校长得分。排名靠前的，我们要大张旗鼓地奖励。对教师的考核，我们要看发展、看变化，少看或不看此前取得的成绩，主要看培养期间的发展变化。

4. 导师与学员教学相长

本学期时间短、教学任务重，我们要把活动时间重点放在放学后或节假日，下学期根据时间再作调整；要通过共同读书、听课评课、研讨交流、名师讲座、外出学习等，开展形式多样的培训培养活动。我们赋予导师权利，也赋予学员权利，《师说》中说"师不必贤于弟子，弟子不必不如师"，鼓励导师和学员奇思妙想，提高培训实效。培训既要做加法，多积累材料、多开展活动；又要做减法，减负增效提质，比如读书笔记、学习笔记、听评课记录等，导师或学员承担了培养工程中安排的任务，就不需要重复承担学校安排的同类任务了。

5. 鼓励八仙过海，各显神通

我们第一次启动这项培养工程，没有固定的模式，没有成熟的经验，更没有现成的办法直接拿来使用，我们只能靠大家集思广益，充分发挥聪明才智，敢思、敢想、敢试、敢闯来尝试。只要你有想法、有思路、有点子，有措施，在不违背财经纪律和工作纪律的前提下，我们中心学校将尽最大可能提供帮助，提供支持，提供人力、物力、财力等支持。我们提供平台，会唱的唱，会跳的跳，会说的说，是金子我们就给你发光的机会！

三、保障措施

1. 统一思想，更新观念，树立成长意识

经常有人讲类似的话，我们是老师，不是圣人，我们也有家庭，也要生活，不能只讲奉献不讲收获，只讲付出不讲回报。收获是什么？回报是什么？个人发展、个人成长就是收获、就是回报。为了教师的发展、教师的成长，教师早走一步，多干一些，也是应该的，看教师怎么认识。注意力在哪里，结果就在哪里。你把它当成负担，就会感觉劳累；你把它当成机会，就会愉快地参与。

2. 八小时之内谋生活，八小时之外谋事业

在一个人的成长过程中，辛苦、劳累是不可避免的，在工作之余、"分内"之外，无论是时间、精力、思想都要多付出、多耕耘，政策范围内可以进行适当的交通、生活补助。

3. 加强领导与引领

教学办公室要成立服务指导中心，春军主任牵头，每个导师都要配备服务团队成员。服务中心一是服务，人员、场所、经费的服务；二是督促检查，活动开展情况，也是考核导师的重要依据。各环节环环相扣，层层推进，重在落实。

4. 合理评价，以评价促发展

以后条件允许，我们选优评先、参评能手带头人，可以同等条件下，优先选择"好老师"人选，甚至直接从"好老师"人选中推荐。学校对教师的考核，也要增加相应的内容，从考核办法上体现。

四、几件小事

（1）各位主任、老师对"好老师"培养工作要负起责来，不能像制度一样挂在墙上看，要落实到实际行动中，帮助学校，出思路、想办法、促提高。洪岩主任、德晖主任、春军主任做了很多工作，帮助学校参谋了一些事，处理了一些问题，其他主任、老师，你们做没做？希望大家都动起来，齐心协力、献计献策，帮助学校向前发展。

（2）一位校长说得好："做校长就要守土有责"，不能守着宅子赔上地。在我们任上，不要为了一壶酒、一盒烟，或者什么也不为，就是看不住家、守不住摊，让人家欺负，让人家抢占土地，那我们就是学校的罪人。中国历史上签订的辱权条约，赔了多少钱？割了多少地？谁签订的？我们在历史课本上都学过。同样，在我们身边的学校，哪个学校、哪个校长、哪个时候，办了什么事，出了什么笑话，总会"流传多年"，让人说好，还是让人

说差，大家自己心里得有杆秤。洪新校长、付华校长对学校土地寸土必争，有效维护了学校权威；建国校长、景成校长、其堂校长、青山校长，在学校建设中，倾注了自己的心血和汗水。当然，不是说其他校长没做，可能当时没有建设任务，这情有可原。

（3）宗元老师对微机室改造，投入了大量精力。我们的原则是优先发展中学，对小学没有厚此薄彼，希望大家增强大局意识，理解支持，不要再有不同声音。一个团队一个声音。我们争取做团队，不能是团体，更不能是团伙。一个团队，就是一个有口才的人对着一群有耳朵的人说话，希望大家心往一处想、劲往一处使，精诚合作，团结奋进。

（4）安全工作，至关重要，请大家务必高度重视，抓好落实。

扬鞭策马踏征程，齐心协力谱新篇

——在2016年义务教育均衡发展督导评估动员会上的讲话

同志们：

今天，我们在这里召开迎接县域义务教育均衡发展督导评估动员大会，主要目的是统一思想，提高认识，凝心聚力；明确任务，掌握标准，精心准备；加强领导，强化责任，确保达标。下面，我讲三点意见。

一、统一思想，认清形势，高度重视督导评估工作

义务教育均衡发展是继1995年"两基"验收后，国家对县域义务教育发展提出的新任务、新目标。截至2016年，全国有1302个县通过了国家验收，我们滨州市只剩下阳信和惠民两县未通过，要求我们今年必须通过，不能拖全市后腿，更不能影响全省义务教育均衡发展的全面推进。推进教育均衡发展，满足了群众子女从"有学上"到在家门口就能"上好学"的诉求，是办人民满意教育、是实现百姓"教育梦"的重要载体。教育是最大的民生，是社会公平的前提，是打破阶层固化最有效的方式，可以改变一个人乃至一个家族的命运，各级政府对此非常重视，并写入了省市政府工作报告。

实事求是地讲，目前阳信教育城乡之间、学校之间还有差距，在办学条件、功能用房、师资配备、运动场地等方面还有较大差距，要做的事还有很多。形势严峻、任务紧迫，但现在我们没有退路（3月份市里验收，5月份省里验收），没有选择，必须验收，必须通过，必须完成任务，这个没有商

量的余地，这是硬任务。这次迎评工作将直接关系到对水落坡教育的评价，关系到今后县教育体育局对水落坡教育的重视与支持。因此，各位校长必须站在坚决服从大局、有效推进工作的高度，本着对工作负责、对个人负责的精神，认清形势，不折不扣，扎扎实实地做好迎评工作。既然事业选择了我们，我们理应履职尽责；既然工作摆在了面前，我们就要勇挑重担。

我们水落坡教育在全县一枝独秀，教育质量稳居上游，学校办学特色鲜明，教职员工奋发有为，社会各界有口皆碑，这是对我们成绩的肯定，更是对我们工作的褒奖。在历次艰难险重的任务面前，在座的各位以及全镇教育系统上上下下，都付出了努力，奉献了心血，这才有今天的局面。所有这些，既为我们做好本次迎检工作奠定了坚实的基础，又赋予了我们新的历史责任。实践证明，校长的能力、学校的管理、领导班子的素质，都是在大型督导检查中展现出来的，领导的认可和支持、事业的发展和进步也是通过督导检查来决定的。因此，各学校一定要抓住机遇，下大力气抓好迎检工作。迎检工作搞得好，我们就会得到领导的肯定，为全镇教育争光，为未来发展奠基；迎检工作搞不好，浪费时间、浪费精力不说，我们还对不起县局的信任，对不起我们自己的付出。我们必须主动担责，勇于担当，扎扎实实抓好迎检的每一项工作任务。

二、明确目标，落实责任，准确把握督导评估的要求

义务教育均衡发展督导评估验收，有着严格的规定和标准，在具体工作中，要做好以下几个方面。

1.环境方面

一是美化校园环境，做到每所学校校容校貌一样美。各学校要呈现新的校容校貌，铺设修理校园道路，裁剪修整校园绿化，更换更新破损用品，力求学校面貌有明显变化。二是规范学校管理，做到每所学校常规管理一样好。各学校要提高校园校务管理、教师学生管理、教学科研管理、后勤安全管理水平，全面达到迎检工作要求；要做到校长、教职工岗位职责明确，工作落实到位，校园窗明几净（地面、墙壁、书橱、仪器橱，旮旮旯旯，角角

落落），教育教学井然有序。三是建设校园文化，做到每所学校办学一样有特色。各学校要充分挖掘学校历史传统、地方教育资源，提升校园环境的文化底蕴和教育内涵；校园文化、班级文化、办公室文化等要充分体现学校办学理念、师生精神风貌、多彩的校园生活、共同的教育信念和卓越的文化追求。

2. 档案方面

一是认真学习评估指标体系。各学校要及时将《评估验收指标体系》印发给相关人员，通过自主学习、集中学习、研讨交流等多种形式再度深化学习。校长要带头学习，所有人员都要深刻理解其内涵，为具体操作做好充分准备，做到心中有数，做到有的放矢。

二是深入开展自查自评自改。各学校要根据指标体系分工深入开展自查自评工作，严格按照指标体系要求，认真做好原始材料的搜集整理工作。准备的材料要全面，数字要准确，装档要规范（格式规范、统一，如时间、字号、字体、学校名称等）。每个校长对本校达标情况要了如指掌，对自查自评工作中发现的问题和不足，要积极采取有效措施予以力所能及地整改，避免等靠要思想，积极争取主动权，做到早动手、早准备、早完善。

三是统计数据真实准确规范。所有统计数据必须真实可信，客观反映现实，不得弄虚作假。所有统计数据必须准确无误，绝不能出现差错，做到现场数据与报表数据吻合，各类表式数据口径一致。数据填报必须清晰、规范，符合要求。资料针对性要强，每一份材料都紧扣指标内容，让督导评估专家迅速找到需要了解的内容。

3. 现场方面

一是现场安排真实精细流畅。各学校要积极配合评估组，安排好现场检查，及时解答专家提出的疑问；要真实提供现场场景，做到校园环境、各功能教室实情实景，教师学生态度真心实意，坚决杜绝形式主义，更不能弄虚作假。校长及相关人员对相关政策法规、基本数据的答问要干净利落、简洁明了，努力把学校最具特色、最有魅力的一面展现在评估组面前。我们态度很明确，就是狠抓现有条件的管理，挖掘内部潜力。比如功能用房不足，办法很多：合并办公室，没有校长室也要有功能室；一室多用，功能相近的合用，多挂上门牌、布置上器具，做到能看、能用。

二是迎评氛围积极融洽和谐。各学校要通过新闻媒体、国旗下讲话、家长会等多种途径，宣传学校的好人好事，宣传学生的精彩变化。各学校要特别注意学校安全稳定工作，这两天全国两会召开，安全稳定异常重要，各位校长要高度重视。校车运营安全、建筑工地安全、食堂饮食卫生、宿舍消防用电、实验室危化品、管制刀具收缴等，加强师生安全教育，提高师生安全防范意识，坚决不能出现安全责任事故；坚决不能出现有偿补课、违规办班、违规收费、推销服务等敏感事件，防止发生各类信访问题。各学校要高度关注舆情，排查各种影响稳定、和谐的突出问题，并采取措施及时化解矛盾，提高师生员工和人民群众对教育的满意度。

三、加强领导，强化责任，坚决做好督导评估迎检工作

第一，要强化组织领导。迎检工作是当前全县教育体育系统压倒一切的头等大事，县教育体育局已成立了领导小组，我们也要成立领导小组，负责指导和督办全镇的迎检工作。迎检工作实行"一把手负总责"，各学校校长要亲自抓、负总责，分管领导要靠上抓、具体抓，全员上阵、全员参与，确保有足够的精力用在迎检工作上。

第二，要强化工作责任。没有责任的落实就没有工作的落实。各校校长要严格按任务分解责任，精细分工，抓紧进行数据填报、资料完善、办学条件改善等方面工作（功能用房用品统计，小物品自己解决，体卫艺器材、图书县局统一采购，其他用品做好统计，我们全镇一起采购）。各学校要明确任务、明确责任、明确标准、明确要求，对照评估标准，采取得力措施，确保顺利通过义务教育均衡发展的评估和验收。在座的各位始终要记住一点，硬件有差距情有可原，软件有差距无法交差，迎检时谁出问题谁负责任，谁在关键时刻掉链子谁就是水落坡教育的罪人。

第三，要强化统筹调度。迎检工作时间紧、任务重、要求高、压力大。各学校必须把教育教学、安全稳定与迎检统筹考虑，合理安排，在确保安全

稳定和正常教学的同时，将工作重心向迎检工作倾斜。洪岩主任要加强检查和督办，针对出现的问题和不足，及时向县局汇报，及时召开碰头会，及时研究解决。

第四，要强化考核奖惩。县教育体育局将实行周报制度，定期通报工作进展情况，并将本次迎检工作作为综合督导的重要内容，与优秀指标（福和小学，标准化学校迎检成效突出，奖励优秀指标）、项目资金分配等挂钩。对迎检积极落实且工作成效突出的学校，优先安排；对于工作进度缓慢、行动迟缓、措施不得力的要及时通报批评，督促整改。

扬鞭策马踏征程，齐心协力谱新篇。各位校长，义务教育均衡发展评估验收工作的号角已经吹响，全镇教育上下必须紧紧抓住这次契机，凝心聚力，上下联动，脚踏实地，后发赶超，以如坐针毡如履薄冰的危机感，以时不我待只争朝夕的紧迫感，以勇于担当舍我其谁的责任感，续写出浓墨重彩的水落坡义务教育均衡发展新篇章。

离督导评估验收还有半个月时间，我们要冷静思考和客观分析。迎检工作时间紧迫，任务艰巨，对此，我们要保持清醒的头脑，切实增强迎检工作的责任感和紧迫感，坚决打消那种"差距太大怎么做都过不了关"的畏难发愁心理，坚决克服那种"这么大的事领导总会想办法"的消极被动心理，坚决克服"督导检查不一定到我校"的侥幸疲沓心理。我们要积极主动地按照统一部署，迅速将迎检工作摆上重要议事日程，坚持"硬件抓重点、软件抓达标"的原则，坚决打好全镇义务教育均衡发展评估验收的攻坚战。

主动作为　敢于担当
共创水落坡教育发展新辉煌

——在2016年全镇重点工作会议上的讲话

同志们：

今天就近期重点工作，我讲三个问题。

一、关于期中考试

考试工作是常规教学的重要环节之一，整个考试的过程其实也是学生受教育的过程，包括对学生心理素质的教育、对学生学习方法的提高、对学生的诚信教育等。我们经常说这句话：考风直接影响学风。如果期中考试风气不好，学生就不会认真对待平时的学习，认为平时学不学无所谓，这样就直接影响了学生平时的学习态度和学习风气，进而影响教师的教学态度和尽责意识。

我们的教学效果怎样？我们的课堂还有哪些问题？我们应该怎么改进提高？实践证明：越是可信度高的考试越能给我们好的答案。所以严肃考纪、端正考风是每所学校、每位教师必须做到的事情，也是必须做好的事情。我们要求，各位校长回去后，一定召开教师会和学生会，强调考试纪律，明确工作要求，目的就是要给学生营造一种严肃、认真，公平、公正的考风氛围。

考务工作，德辉主任讲得很详细，无非就是三个方面：一是考前准备做细致，包括召开教师会和学生会，保持考场环境卫生工作，座位倒转，书包杂物一律放在教室外，桌面左上角张贴学生编号、姓名，检查听力设备，等等；二是监考工作做严格，包括监考准时到，监考要严肃，监考教师一前一后坐，严禁教师聊天、看手机、打电话、看书、读报等；三是考后工作做完美，包括阅卷、统分、试卷分析，初步计划，我们要召开期中考试质量分析会，请校长、教师上台做交流与分享——我们是怎么抓教学的，有什么方法，进行经验共享，共同成长。让考得好的教师登台出彩，通过考试，推动我们水落坡教育教学质量的提高。

二、关于安全稳定工作

安全稳定是老生常谈的话题，各级领导都非常重视。前两天刚开了全国学校安全工作电视电话会议，大家都参加了，相信也很好地学习了会议精神。可以说，重视安全工作，怎样强调都不为过；抓好安全工作，任何时候都不能疏忽。

近年来，我们一直高度重视校园安全工作，各学校也都做了大量卓有成效的工作，全镇校园安全工作总体上比较平稳。但是，总体好不等于全部好，没大问题也不等于没问题，尤其是对于安全工作，要少讲成绩、多找问题、多查隐患，更不能拍胸脯、讲大话、说空话。

实事求是地讲，我们还存在一些问题，比如，有的对安全工作重视不到位，认为只要不死人就行，对安全隐患发现不了，坐以待毙，或是发现了，置之不理，我行我素；有的存在侥幸心理或麻痹思想，总认为自己很幸运，不会出现安全事故，于是安排的学习培训不参加、组织开展的活动不落实；有的不是没有发现隐患、没有发现问题，我们也多次督查要求整改，教职工也不止一次反映，就是引不起重视。究其根源，没有血的教训、没有伤及个人利益的切肤之痛，就引不起高度重视。你对隐患讲人情，事故对你不留情，真要出了事，谁也帮不了你。按照目前安全事故处理的规则，纪委、公安、检察机关同时跟进，同步进行事故责任的认定追责，小到处分降工资，大到判刑进监狱，到时候害人害己、后悔莫及。

我们再次强调：安全稳定记心中，时时刻刻不能松。当前要重点抓好校园门卫，食堂卫生、饮用水及小卖部，学生交通（校车、铁路），消防用电，学生防溺水，学校集体活动，应急疏散演练，疾病防控等安全工作，特别是来到夏季，要突出抓好学生防溺水工作。学生防溺水工作是年年喊、年年抓，可是我们在历次检查中仍然发现，有些学校《致中小学生家长一封信》的回执上，有的家长没有签字，有的字迹雷同。可别小看这签字，如果发生学生溺亡事故，有了它，我们的教育告知义务就尽到了；如果没有，就容易产生家校纠纷，制造家校矛盾。

千万不要有安全工作是为教育局抓的、安全隐患是为教育局查的错误思想。学校是校园安全管理的主体，学校的安全问题不解决、主体的责任不落实，我们即使大会小会强调，喊破了嗓子，拍坏了桌子，一天天不吃不喝，也难以避免发生事故。我们要深刻认识到，安全工作抓不好，损失的是生命，破坏的是形象，直接影响发展大局，更直接关系着一个家庭甚至多个家庭的幸福安康。同时我们更要清楚，现阶段一旦发生安全事故，各方面损失要比以往惨重得多，各方面代价也比以往付出的多。

希望大家高度重视安全教育活动的开展，重视过程性材料积累，收集证据，尽责免责，尽最大努力把隐患或事故消灭在萌芽状态。特别是防溺水工作，早敲警钟，充分利用国旗下讲话、主题班会、家长会、签责任书等形式，加强教育，不管是课上课下、上学放学、周六周日，保证我们的学生高高兴兴上学来，安安全全回家去，平平安安过周末。

三、几项工作要求

1. 要主动作为，狠抓落实

工作千头万绪，按照正常节奏，按部就班干，工作难有大的起色。狠抓工作落实必须做好以下几点：一是要有争先创优的精神状态。面对艰巨的任务，大家要有一种时不我待、只争朝夕的奋斗精神，主动作为，把工作往前头赶、往实里做。发现问题要早、解决问题要快，把问题想在前，工作做在前，措施落实在前，把问题消除在萌芽状态。二是主动与中心学校各科室建立互助关系。遇事要主动找相关科室沟通协商，把我们干工作的过程变成融洽关系的过程。大家要放下架子，多沟通、多协商，寻求方方面面的支持和帮助。三是积极推动工作落实。措施不落实，是我们推动工作的一个"顽症"。今后包括我在内，只要是自己的工作任务，都要抓死、抓实、抓住不放。特别是各学校的一把手，不仅要出思路、当指挥，还必须亲自干，注重抓落实。在抓工作过程中，对于遇到什么问题、进展到了什么程度、落地了没有等问题，一把手都要清楚，不能只听汇报，好人主义，一味听之任之，造成工作拖拉、凑合、应付。

2. 要抓好班子，带好队伍

我们要树立"没有最好、只有更好"的理念，在好的基础上追求更好。一是用团结凝聚人。团结就是力量，是做好一切工作的基础，对教育干部来说团结是原则、是责任。能干事，还要会共事，能干事是能力，会共事是水平。谦让是团结的前提、尊重是友谊的源头、沟通是协调的基础，合作出效率、和谐出业绩。二是用制度管人。各学校要完善制度，做到有章可循，有据可依，并且坚决执行，从而提高效率、提升效能（市局四个文件征求意见，4月14日省政府文件）。我们的周计划制度很好，领导也给予了肯定，但是工作不平衡，大家都对比看看各学校的周计划，看看能发现什么，看看你做了哪些事，人家做了哪些事；看看谁会做计划，谁会抓管理。三是用魅力服人。我们要靠人格魅力去影响人、带动人，让大家愿意跟着你干，这样精神状态不一样，效果也不一样，赢得领导的认可、师生的尊重、社会的满意。学校大小、年龄大小、时间长短、能说会道、高矮胖瘦等因素，不是我们受人尊重的资本，只是平台，用好了是优势，用不好是劣势。我首先表个态，对所接触的每一个同志，都会以诚相待，请大家监督，同时希望在座的每一位同事，也要做到以诚相待，使大家心情愉快地一起共事。

3. 要摆正关系，讲求方法

一是摆正私下与工作上的关系。人与人之间的交往都是双向的，由于工作交往增加个人感情，而个人交往好坏也会影响到工作的配合。我一直坚持一个原则，就是私下交往不愧于任何人。但在工作上，我是抓住不放、非常较劲，并且说话办事不留余地。二是摆正坚持原则和灵活处事的关系。做任何事情没有原则是干不好的，但没有灵活性也是不行的。非原则问题要灵活掌握，体现人性化；原则性问题要是非分明，态度坚决，不留余地。国家规定小学入学年龄是6周岁，差一天也办不了；建设工程要公开招标，谁说也不行，谁找也不行，不管你是亲朋还是好友，不管你是地痞还是无赖。希望各位校长，都要勇于担当，敢于负责，尽量为师生创造良好的工作、学习环境，为学校创造良好的发展环境。三是摆正"劳"与"逸"的关系。大家要劳逸结合，保重身体。工作压在头上，加班加点，不说二话；工作干完了，也不打消耗战，该休息的休息。不能出现有工作任务却找不到人，甚至中午喝酒，下午误事，工作时间玩乐，这是决不允许发生的。最近，因为工作太多，大家都忙，我们很少组织开会，到了哪山砍哪柴，但是大家要明白工作重点在哪里，抓好教学质量之外，义务教育均衡发展和综合督导是下一步的重点工作，两项工作的重要性，我不再多说。综合督导就是麦收秋收，忙了大半年，收不收粮食就看这一下子，大家都是聪明人，我相信大家知道怎么干。有些是需要时间沉淀、需要过程积累的，各学校要早动手、早准备，一旦上级来了检查通知，我们就要立即行动，全员上阵，全力以赴，加班加点，争取在最短的时间，做好准备工作，以最佳状态迎接检查。

4. 要严格要求，树好形象

没有规矩不成方圆。工作中要用规矩促"有为"，不能随心所欲，乱了章法。任何问题、任何工作在决策前都可以广开言路，但一旦形成决议，集体做出决策，必须不讲理由地执行，做到令行禁止，该干好的工作坚决做好，该推动的工作必须如期推动，明令禁止的坚决不越雷池半步。特别要强调的是，面对复杂的社会环境和各种诱惑，每位干部必须保持头脑清醒，不碰法律法规的高压线，常念党纪之严，常怀畏惧之心，常思贪欲之害，不以"不为人知"而放纵自己，不以"小节无碍"而开脱自己。特别是在一些敏感问题上，我们要坚持阳光操作，严格按照标准、条件、程序办事，以公心树正气，以正气压邪气，创造风清气正的好环境。

现在春暖花开，阳光明媚，正是工程建设的大好时机，各学校要立足本职，主动作为，加速推进各项工程建设，既要保证质量，又要加快进度，千万不要有等、靠、拖的思想，认为工程是教育局的事，是中心学校的事，不紧不慢，不催不干。还是那句话，一位好校长就是一所好学校，校长就要把学校的发展当作自己的事情，把发展好学校当作自己的义务、自己的职责，不忘初心，履职尽责。

以质量求生存　办家长满意的学校

——在2017年全镇小学教学质量分析会上的讲话

各位校长、主任、老师们：

下午好。今天我们在这里召开全镇小学教学质量分析会，目的是总结交流全镇小学教学工作取得的成绩和经验，分析全镇小学教学工作中存在的问题和不足，明确努力方向，强化工作措施，做到理直气壮抓教学，真抓实干提质量，努力促进我镇小学教学质量再上新台阶。借此机会，我讲四个方面的内容，即向思想认识要质量，向常规管理要质量，向课堂效益要质量，向全面发展要质量。

一、向思想认识要质量

教学始终是学校的中心工作，没有好的教学质量就没有学校的发展，没有高层次意义上的教学质量就没有学校的科学发展。质量是教育事业的生命线，也是教师的立身之本。当前，我镇部分学校教学质量意识不强，在抓教学质量过程中存在"三重三轻"的现象需要引起重视：一是重行政，轻业务。有的学校看似每天忙忙碌碌，把主要精力消耗在事务性工作上，疲于被动完成任务，对教学工作投入时间不够，精力不足。二是重体力，轻脑力。在抓质量的过程中，有的学校只求教师、学生在时间、精力上投入，而不开展教学研究，不解决教学中存在的问题，轻负高效的教学局面没有打开。三是重应付，轻实功。学校发展需要教学质量，也需要亮点、特色工作，但部分学校工作协调不够，不会统筹兼顾，特色不特，亮点不亮，同时影响了正常的教学进度和质量。

作为单位负责人，校长要做好以下四个方面工作：一是校长要抽时间深入课堂。校长只有坚持深入课堂，才能经常与学生、与教师、与课堂打交道，才有利于教学管理。二是校长要潜心教学研究，经常参与教研教改活动，研究教育教学问题，校长责无旁贷，必须带头。三是校长要俯下身子、指导教学。我们绝大多数校长都是从一线骨干教师中提拔上来的，应该都是教学的行家里手，抓教学很有权威性，关键是把管理的重心下移，做到问题在一线发现，工作在一线落实，质量在一线提升。四是校长要关心爱护教师。人心稳，事业进，人心齐，质量升。没有教师的团结拼搏、无私奉献，提高质量更是空谈。校长要注重政策引导，营造环境，弘扬正气，增加沟通，化解矛盾，为教师排忧解难，充分调动教师的主动性、积极性和创造性。

在当前这个特殊时期，让我们的校长把主要精力、大量时间用在教学上，我们知道很难，安全、管理、检查三座大山压得我们喘不过气，哪有那么多的时间和精力？但是，如果我们不过问、不了解、不重视教学，教师们就更不在乎，教学质量永远提不上去。我们校长就是风向标，多问问教学、多转转办公室、多到课堂听听课、多参与教学教研活动，就是对教学的重视，无形中就会引起教师的重视。校长投入时间研究教学，集中精力管理教学了，教师才能真重视，才能投入更多的时间和精力，才能想出更多的办法和措施，要相信教师的智慧是无穷的。目前，我们面临的教学问题，如果教师们都动起来，不出一年半载，我们都能解决。这是因为：一是我们水落坡底子厚，有优良传统；二是我们的教师德才兼备，完全有这个潜力，我对大家充满信心！

二、向常规管理要质量

一是健全制度管理。各学校根据上级有关规章、制度和文件精神，结合本单位实际，建立健全、修订完善各项教学常规管理制度，使办法更加精准，措施更加有力，操作更加便捷，成效更加明显，形成教学常规管理的长效机制。

二是加强文化管理。各学校要强化干部作风建设，打造良好师德师风，加强学生养成教育，催生高雅的校园文化，用文化管理凝心聚力，为提升教育教学质量营造良好氛围。

三是完善激励管理。各学校要完善教师综合考核评价办法，把教育教学质量作为教师绩效考核、评优选先、轮岗交流的重要指标，把教师的注意力引导到教学上来，在全体教师中唱响"以教学质量高为荣，以教学质量低为耻"的主旋律。

四是加强考试管理。针对小学成绩不理想的现状，教学办和各学校要合理安排训练考试，包括阶段性考试、全镇月度检测等；要降低考试难度，注重打牢基础，追求考试高质量，增强考生信心和教师信心；要合理选择考试内容，减少随意性，特别要注意历次考试错题的利用，通过建立错题本，错题重组试卷等形式，巩固和提高教学质量。

五是加强班级管理。学生是学习的主体，学生是否乐学、会学，是影响教学质量的重要因素。各学校要做好以下工作：一是要加强对学生的管理。对学生进行思想教育、人文关怀、严格管理，是学校的责任和义务。各学校一定要在教学秩序和生活秩序的管理上下大功夫，下真功夫，尤其要防止恶性事故和各种意外事件的发生（一旦出事，士气大落）。教师在学生管理过程中，要耐心、细心，更要有爱心，要正确对待学生的过失，理解学生、包容学生、善待学生，避免简单粗暴的管理方式。二是要从学生行为习惯入手，加强良好学风建设。良好的校风源于良好的学风，而良好学风的形成是一所学校教育教学水平的体现，也是提升教育教学质量的重要法宝。各学校要从学生的课前预习习惯、作业习惯和自我总结习惯抓起，根据学校实际情况，找准切入点，形成良好学习风气。各学校要强化对学生学习方法的指导，提高学生的学习能力，实现质量的可持续提升。三是要高度重视"学困生"的转化。"学困生"的转化是我们贯彻教育方针，面向全体学生，培养合格公民的重要任务，各学校要高度重视"学困生"的转化工作，切实提高学生的整体素质。四是加强留守学生的研究。各学校要关爱留守学生，加强对留守学生教育方式、方法的研究，关注他们的心理问题，加强心理疏导，提高教育的针对性和实效性。

三、向课堂效益要质量

课堂是教学的主阵地。各学校要以推广小组合作教学模式为契机和突破口，按照县教体局〔2016〕1号文要求，在全镇中小学积极构建"理想课堂"；改变陈旧、落后教学模式和方法，彻底告别"低效课堂"，甚至是"负效课堂"，解放学生、解放教师，倡导以小组合作教学模式为主，打造科学有效的课堂教学模式。

各位教师要把主要精力集中到课堂教学上，理性地对待课堂，自觉备好每一节课，上好每一节课，精心布置作业、批改作业，认真辅导每一名学生。考试成绩好的教师，没有三头六臂，也没有上天入地、呼风唤雨的本事，他们对工作只是认真加用心。如果我们每一个人都能像几位教师所说的那样去做，相信我们的成绩肯定都差不了，到时候我们都有机会上台分享，而不仅仅是"台下鼓掌"。各学校要利用各种学习培训机会，不断更新教育观念，增强责任感、事业心，练就教学的硬功夫，提高驾驭课堂教学的能力和水平。

各学校结合前段时间上报的《全镇小学课堂教学模式统计表》做好模式推广和自查工作，镇中心学校将在两周以后结合青年教师业务大比武——课堂教学比赛活动，对各校模式推广情况进行检查。检查采取现场抽课、问卷调查、查看材料（学校教师过程性材料）等方式进行。镇中心学校将对在检查中发现的敷衍塞责、弄虚作假等行为进行全镇通报。

四、向全面发展要质量

一是要树立整体发展的质量观。没有高质量的教育，谈素质就是空谈。我们要坚持面向全体学生，实现全体学生的共同提高、整体发展。我们要确立这样的育人观念：每一个学生不求一样的发展，但都要发展；每一个学生不求同步提高，但都要提高；每一个学生不必具有相同的规格，但都要合格。全体学生都发展的教育质量，才是我们教育对社会的贡献。

二是要树立科学的质量观。我们在抓质量的同时，要讲求科学方法，提高育人过程的质量。我们要遵循教育教学的规律和学生身心发展的规律，向科学的方法要质量。教育来不得半点虚假，学校在抓质量、教师在抓教学上必须下苦功夫，要体现出追求卓越的精神风貌。我很欣赏菜农思想：无论土地多么贫瘠，也不放弃耕作；无论收成多么微薄，也不责怪土地。无论学校怎样，无论学生怎样，我们当教师的，一言一行，一举一动，都要对得起自己的良心。

三是要树立全面发展的质量关。我们强调提高教学质量，但不是一味强调分数；我们关注考试成绩，更关注"人的全面发展"，我们的目标是学生综合素质和文化成绩的双提高。不同学生有不同的认知方式和特长，教师要满足不同学生掌握和运用知识的态度和能力，要关注学生个性差异，激励学生自主地、富有个性地学习，为学生创造更多的展现个性魅力的空间（丰富多彩的德育实践活动），让每个学生都有"露脸"的机会，让他们收获自信，让他们在积极参与中都得到充分的发展，为他们开启更多的人生接入点。

说实话，我也多次纠结甚至陷入惶恐中。因为周边的很多学校都在拼考试成绩，而我们主张花时间来发展学生的个性，合适不合适？值不值？经得起考验吗？但我坚信：学校不是培养考高分"机器"的地方，面向全体、促进学生全面发展是回归教育的本质，是每一位负责任校长的使命和必须承担的重任。这符合教育发展规律，这条路必须走下去。如果在一时政绩和学生一生做选择的话，我会毫不犹豫地选择学生的未来。

我们通过课堂教学改革全面提升课堂效益，还要量身打造学生喜爱的社团活动、选修课程、社会实践课程等，并纳入课表统一管理和考核。

各位校长、主任、老师们，大力加强教育教学工作，不断提高教育教学质量是我们共同的责任和义务。各学校要以这次质量分析会为契机，结合本校实际，认真分析形势，切实明确任务，有效改进措施，以坚定不移提升教学质量为使命，引导广大教师立足本职岗位，时刻保持奋发有为、昂扬向上的精神状态，与时俱进、锐意进取，为推进我镇小学教学质量跨入全县中游行列不懈努力！

争做"心中有梦、眼里有光、
脚下有路"的优秀老师

——在2014年青年教师培训会上的讲话

各位主任、各位老师：

大家好！听了魏老师的成长事迹，很受感动，很受启发。因为开学初，事务比较多，前边的活动没有参加，老师们的精彩没有看到，很遗憾。因为时间关系，我跟老师们简单说几句心里话。

一、关于事业单位改革

2014年7月1日起，《事业单位人事管理条例》正式施行。《事业单位人事管理条例》规定，事业单位与工作人员订立的聘用合同，期限三年。事业单位工作人员连续旷工超过15个工作日，或者一年内累计旷工超过30个工作日的，事业单位可以解除聘用合同。事业单位工作人员年度考核不合格、且不同意调整工作岗位，或者连续两年年度考核不合格的，可以解除聘用合同。

有关专家指出，该条例最大的转变是，把事业单位与工作人员之间的关系确定为"合同关系"，打破终身制，建立包括合同聘用、公平竞争、激励约束、权益保障的用人机制，逐步实现"人员能进能出、岗位能上能下、待遇能高能低"的目标，进一步激活用人制度。

二、奖励与惩罚

从暑假前开始，县委县政府先后四次发文，强力清理"吃空饷"人员和规范发放乡镇补贴，初步解决了干与不干一个样的问题。下一步，我们要健全完善各项规章制度，激励与惩罚齐头并进，逐步解决干多干少一个样、干好干坏一个样的问题。特别是教师的福利或补助，根据上级规定不再发放，教师们不要把怨气指向学校，这是新形势的要求，我们必须严格执行。但是，奖励优秀教师是允许的，更是提倡的。我们在这里声明：从今年9月1日开始，凡是由中心学校推荐参加，在各级部门组织的评比（评选和比赛，分配荣誉称号不算）活动中获奖的教师，我们都要进行奖励，大张旗鼓地奖励，旗帜鲜明地表彰。获奖既是教师个人的荣誉，更是全镇的荣誉，你为水落坡争了光，我们就为你添彩！

三、李嘉诚司机的故事带来的思考

李嘉诚的司机给他开车开了30多年，准备退休离职，李嘉诚看他兢兢业业干了这么多年，为了能让他安度晚年，拿了200万支票给他，司机说不用了，一两千万我还是有的。李嘉诚很诧异，问："你每个月只有五六千收入，怎么能存下这么多！"司机回答说："我在开车时候，您在后面打电话说买哪个地方的地皮，我也会去买一点，您说要买哪只股票基金的时候，我也会去买一点，到现在有一两千万的资产！"

这个故事说明一个问题：你是谁不重要，重要的是你和什么样的人在一起！在现实生活中，你和谁在一起的确很重要，甚至能改变你的成长轨迹，决定你的人生成败。和什么样的人在一起，就会有什么样的人生。和勤奋的人在一起，你不会懒惰；和积极的人在一起，你不会消沉；与智者同行，你会不同凡响；与高人为伍，你能登上巅峰。学最好的别人，做最好的自己。借人之智，成就自己，这是成功之道。

科学家研究认为："人是唯一能接受暗示的动物。"积极的暗示会对人的情绪和生理状态产生良好的影响，激发人的内在潜能，发挥人的超常水平，使人进取，催人奋进，远离消极。否则，他们会在不知不觉中偷走你的梦想，使你渐渐颓废，变得平庸。

积极的人像太阳，照到哪里哪里亮；消极的人像月亮，初一十五不一样。态度决定一切，有什么样的态度，就有什么样的未来；性格决定命运，有什么样的性格，就有什么样的人生。

有人说，人生有三大幸运：上学时遇到一位好老师，工作时遇到一位好师傅，成家时遇到一个好伴侣。有时他们一个甜美的笑容、一句温馨的问候，就能使你的人生与众不同，光彩照人。

生活中最不幸的是：由于你身边缺乏积极进取的人，缺少远见卓识的人，而你又没有出淤泥而不染的品质，没有身怀绝技独行天下的豪气，你的人生变得平平庸庸，黯然失色。

如果你想像雄鹰一样翱翔天空，那你就要和群鹰一起飞翔，而不要与燕雀为伍；如果你想像野狼猎豹一样驰骋大地，那就要和野狼豹群一起奔跑，而不能与鹿羊同行；正所谓"画眉麻雀不同嗓，金鸡乌鸦不同窝"。这也许就是潜移默化的力量和耳濡目染的作用。

如果你想聪明，那你就要和聪明的人在一起，你才会更加睿智；如果你想优秀，那你就要向优秀的人学习，你才会出类拔萃。可能你很优秀，你是天才，你是手机中的战斗机，但你只看见偷懒的、耍滑的，不向上看而向下看，只说回报不说付出，如果因为周围那些消极的人影响了你，使你缺乏向上的压力，丧失前进的动力而变得平庸无比，甚至俗不可耐，那就大错特错，遗憾终生。

人生最大的运气不是捡了钱，也不是中了奖，而是有人能带你走向更高的平台。其实限制人们发展的不是智商，不是财力，而是你所处的生活圈子、工作圈子、学习圈子、社交圈子……

读好书，交高人，乃人生两大幸事。人生的奥妙之处就在于与人相处，携手同行。生活的美好之处则在于送人玫瑰，手留余香。想和聪明的人在一起，你就得聪明；想和优秀的人在一起，你就得优秀。善于发现别人的优点，并把它转化成自己的长处，你就会成为聪明人；善于把握人生的机遇，并把它转化成自己的机遇，你就会成为优秀者。年轻人就要有年轻人的活力，年轻人就要有年轻人的激情，年轻人就要干出年轻人的样子，期待你们都能成为更好的自己。

第 五 辑

扎根教育，言为心声

创新创业创特色　苦干实干快追赶

——在2014年全县校长论坛上的发言

尊敬的各位领导、各位同人：

大家好！秋风送爽，鸭梨飘香。非常感谢县教育体育局组织这次校长论坛，为我们搭建了一个交流的平台，给予了我宝贵的学习机会。今天，我发言的题目是《创新创业创特色　苦干实干快追赶》，权当抛砖引玉，恳请指正。

一、主要工作及成效

1.学校管理确立新思路

我们在充分调研、科学论证的基础上提出了"制度引领，规范管理，以人为本，求实创新"的办学思路；着眼学校长远发展，出台了《流坡坞镇工作创新奖励办法》《流坡坞镇中小学常规检查评比细则》等一系列规章制度，用制度引路、用制度保障、用制度激励，鼓励学校创新实践，规范学校常规管理。

学校的发展起步于制度建设，提高于人文关怀。在加强制度管理的同时，我们秉承"以人为本"的管理理念，积极创设温馨和谐的工作环境，尊重教师，关心教师，服务教师，发展教师，努力提升教师的职业幸福感。现在全镇上下形成了一家人、一条心、一股劲的干事创业新局面，为我镇教育健康发展奠定了坚实基础。

2.办学条件得到新改善

在局领导的关心支持下，我们先后投资100多万元，极大地改善了办学条件。为全镇中小学新购图书14600册，充实实验、音体美器材3000多件；为曹集学校安装了集体供暖设施，建起了高标准微机室；为96名教师配备了笔记本电脑，实现了全镇中小学班班多媒体，加快了教育信息化进程；筹措资金73万元，对曹集幼儿园、褚家幼儿园和二陈幼儿园进行升级改造；为全镇幼儿园添置大小型配套玩具；现在曹集和褚家两所学区园已成为全镇幼儿教育发展的亮丽风景线。

3.教师队伍焕发新面貌

一是为教师搭建专业成长平台。我们镇经济条件差，拨付经费少，各项开支省之又省，但我们对教师外出学习、观摩交流、参加业务培训，从不心疼和吝啬，积极选派骨干教师参加各级各类教科研活动，促进教师们业务成长、个人发展，成就教师、成功学校。一年来，累计选派教师参加教研活动达300多人次，广大教师开阔了视野，提升了能力。

二是大力开展校本研训。通过优质课评选、"教学开放日"、示范课展示、专题报告会等形式，广泛开展课堂教学经验交流，展示课堂教学改革成果，有效促进了全镇教学水平的整体提高。在全县优质课评选中，曹集学校李倩老师喜获一等奖，并代表我县参加市级比赛荣获二等奖，填补了流坡坞教育空白；杨宪良、丁桂芹等多位老师在全县各类教学比赛中取得了优异成绩。

4.育人环境获得新优化

我们深知：党政领导重视、社会各界支持是教育发展的关键，我们积极争取党委政府支持，让他们愿意管教育，乐意管教育，真心管教育。在他们的支持与帮助下，我们相继对二陈小学、流坡坞学校门口，前营小学操场和周商小学东院墙，进行了清理整顿，改变了脏乱差的局面，消除了安全隐患。通过多方努力，褚家办事处把原先占用的9间房屋归还学校，用于褚家学区园发展需要；经过升级改造，褚家学区园彻底摆脱了办园场所狭小、功能用房不足的局面，大大提升了办园水平。

5. 止辍保学再上新台阶

流坡坞镇距离县城较近，加之外出务工人员多等因素，致使我镇学生流失严重，对此我们高度重视。一是不断完善控制学生辍学长效机制，建立健全止辍保学管理网络，把止辍保学工作作为学校考评的重要内容。二是强化学籍和月报管理，严格转出、转入手续，对学生流转严格监控。一年来，学生无序流动得到有效遏制，与上学年相比减少260余人，为流坡坞教育加快发展提供了生源保障。

6. 教育发展谱写新篇章

一是辛勤耕耘结硕果。在去年全省小学远程研修中，我镇有10名教师被评为省优秀学员；在课堂教学中，有5人被评为市县学科带头人，有17人在各级优质课评选中获奖；在科技创新大赛中，2人获得省级奖，5人获得市级奖；在课题研究中，有10项课题通过县级鉴定或立项，1项课题在省教研室立项；在县教育成果评选中，有18人获奖；在市县电教课评选中，3人获市级奖，4人获县级奖，县课件评选中3人获奖；在市电化课堂教学技能大赛中4人获奖；在县德育实践活动中，10人获奖；在文体活动中，我镇取得了2011年全县运动会小学组第五名、乒乓球比赛全县第三名、羽毛球比赛全市第二名的优异成绩。流坡坞中学在今年中考中，高中录取率比去年上升了三个名次，实现了历史性突破。

二是倾力打造出特色。流坡坞学校被评为省级语言文字示范校、市级图书管理优秀单位，曹集学校被被评为"三项活动先进集体"和"文明教育优秀学校"，前营小学被评为"感恩教育示范学校"，二陈小学被评为"诗文诵读、才艺培养示范学校"，流坡坞镇被评为市级信息化示范乡镇。

成绩的取得是局党委正确领导的结果，是各级领导和兄弟单位大力支持的结果，更是全镇上下共同努力的结果，在此，我代表流坡坞镇中心学校向各位表示衷心的感谢！

二、存在问题及下步打算

尽管我们做了大量工作，也取得了一些成绩，但离县局和群众的要求还有很大差距，与教育强镇相比，还存在一些困难和问题。一是受长期处于落后局面的影响，部分干部教师安于现状，争先进位意识不强。二是教育投入仍显不足，教学设施相对欠缺，特别是初中办学条件不达标，承载能力小，如流坡坞中学没有食堂，曹集中学缺少功能用房，加快发展初中教育存在诸多困难。三是队伍结构不合理，全镇203名在岗教职工中，30岁以下仅有17人，48岁以上就达95人，老龄化异常严重，学科性缺编问题突出，不能适应素质教育要求。

面对不足，我们将迎难而上，创新实干，破解难题，不断增强推动教育科学发展的责任感和紧迫感，努力推动流坡坞教育"洼地崛起"。

1. 开展主题教育活动，让思想更加解放

深入开展"解放思想、追求卓越、永续创新"主题教育活动，倡树"敢思敢想、敢试敢闯、敢做敢当"的优良作风，大力营造干部教师拼搏赶超、争先进位的浓厚氛围。

2. 高度关注教育民生，让社会更加和谐

强化"管理就是服务"的理念，切实维护广大师生合法权益；不断健全完善学校安全工作长效机制，努力打造平安和谐校园。

3. 积极改善办学条件，让家长更加放心

积极争取上级扶持，突破资金制约瓶颈，千方百计改善两所中学办学条件，不断扩大优质教育资源，把学校建成家长放心、学生向往的地方。

4. 强化教育科研引领，让发展更具后劲

狠抓教研工作，实施"三引一推"工程，把教育专家引进来，把教研活动引进来，把成功经验引进来，把青年骨干教师推出去，为教育发展积蓄力量。

5. 丰富教育发展内涵，让校园更具活力

以"让每所学校都精彩"为目标，实施"一校一特色"建设工程，全面推进素质教育，最大限度地挖掘学生潜能，让更多的学生成人成才。

6. 优先发展学前教育，让人民更加满意

抢抓实施"学前教育三年行动计划"机遇，扎实推进投资500万元的镇中心幼儿园建设；加大学区园升级改造力度，强化常规管理，坚持科学保教，促进幼儿身心健康发展。

在今后的工作中，我们将认真按照本次会议要求，虚心学习兄弟单位先进经验，进一步转变观念，真抓实干，开拓进取，积极作为，为促进全县教育科学发展做出新的更大的贡献！

发展民族教育 促进民族团结

——在2013年全市民族团结进步创建活动中的发言

各位领导、同志们：

根据会议安排，现就流坡坞学校争创全市民族团结进步创建活动示范工作向领导和同志们做一简要汇报。

一、基本情况介绍

流坡坞学校坐落于阳信县流坡坞镇政府驻地，占地72644平方米，建筑面积24186平方米。学校现有20个教学班，在校生735人，其中回族学生371人，占在校生总数的50.48%；教职工63人，学历达标率为100%。

二、工作及成效

1.加强领导，把民族团结教育摆在突出位置

学校坚持把民族团结工作作为头等大事来抓，摆上重要议事日程，成立了以校长为组长，校外辅导员、德育主任、年级主任、班主任为成员的"民族团结教育活动"领导小组，专门制订实施方案和工作计划，周密安排部署相关工作，并定期召开会议，及时研究解决工作过程中遇到的问题，形成了校长亲自抓、班主任具体抓、全体师生共同受教育的良好局面，有力地推动了各项工作的开展。

2. 改善条件，为民族团结教育提供物质保障

学校千方百计争取上级投入，想方设法改善办学条件。自2007年至今，学校累计筹资500多万元新建教学楼、实验楼各一栋，配备多媒体教室20间、50座微机室两间、笔记本电脑60台，硬化、美化校园面积7000多平方米，建成了水冲式厕所，实现了集中供暖，并进一步充实了图书及各类教学器材。办学条件的改善为民族团结教育奠定了坚实基础。

3. 强化师资，夯实民族团结教育的人才基础

教师是推动教育发展的根本力量。学校积极争取上级支持，不断加强教师队伍建设，近3年累计补充新教师5人，壮大了学校的师资力量。认真落实《阳信县民族学校教师增加生活补贴暂行办法》，每学年为学校教师补助300元生活费，同时在选优评先、职称评定等方面予以政策倾斜，有效调动了教师从事少数民族教育工作的积极性。

4. 创设情境，营造民族团结教育的浓厚氛围

学校充分发挥课堂教学的主阵地作用，开设民族团结教育课程，配齐教师，开足课时，让民族团结教育进教材、进课堂、进头脑。在初一年级开设《民族知识概要》，初二年级开设《民族常识教育》，初三年级开设《民族政策教育》，校本教材的开发开阔了学生的文化视野，促使学生了解了更多的民族常识，丰富了学生民族团结教育的内容。

学校充分利用走廊、楼道、宣传栏等舆论阵地，张贴悬挂图片、标语、格言等，宣传民族团结教育，使学生在触目所及之处，都感受到民族团结的文化气息。在《校园之声》广播站，开辟民族团结教育专题栏目，定期播放民族团结歌曲，报道民族团结新闻。在校报《新芽》上，开辟民族团结教育版块，刊登学生身边的民族团结典型事例，引导学生自觉维护民族团结。通过一系列文化"组合拳"，学校营造了民族团结教育的浓厚氛围，起到了"春风化雨，润物无声"的效果，学生在耳濡目染中，把民族团结的种子深深埋入心间，并付诸实际行动。

5. 创新载体，丰富民族团结教育的实践内涵

一是充分利用周一升旗仪式和每月一次的班会时间，积极开展民族团结

教育工作，定期组织学生开展以民族团结教育为主题的"演讲比赛""知识竞赛""手抄报比赛""书法比赛"等内容丰富的文体活动，这些活动既传承了民族传统文化，又使学生在活动中团结合作，让学生在潜移默化中接受教育，形成了回汉学生凝心聚力的新局面。

二是学校聘请滨州市政协委员、南街村党支部书记马桂芝担任校外辅导员，到学校给学生讲授回族风情文化课，带领学生参观清真寺，指导开展丰富多彩的活动，了解回族的风俗习惯，加强了学生对回族历史及习俗的了解，培养了学生团结和谐、相互尊重的感情。

三是积极开发民族团结教育资源，每年3月份，以学雷锋活动月为契机，加强与"阳信回民活雷锋"杨广和联系，聘请杨广和来我校做民族团结专题报告会，并组织部分学生到杨广和家中参观学习，在感受雷锋精神的同时，更加深了回汉学生的了解和感情，增强了民族团结意识。

四是以"万名干部联农户"为契机，广泛开展帮扶困难学生活动，不分民族，不论职业，同等对待。每名教师对口帮扶一名学困生，帮助他们形成浓厚的学习兴趣，掌握正确的学习方法，提高学习成绩；积极为家庭困难学生捐款捐物，帮助他们渡过难关，加深了民族团结。

五是充分发挥家长委员会、清真寺管委会的积极作用，利用开斋节、古尔邦节等群众聚集的重大节日，主动走近南街村回民群众，宣传学校，推介教育，最大限度争取他们的理解和支持，让教育成为他们关注的热点，让"教育创造未来，知识改变命运"成为他们的共识，营造全社会都关心教育、支持教育的氛围。

艰辛的努力换来了丰硕的成果，全校师生民族团结意识显著增强，回汉师生互帮互助蔚然成风，有力推动了各项工作的顺利开展，越来越多的学生考入高中，学校也先后获得了"山东省交通安全示范学校""山东省语言文字规范化学校""滨州市规范化学校""滨州市教育信息化示范学校""阳信县文化建设示范学校"等20余项荣誉称号，并入选全国"零犯罪学校"创建活动单位。

第五辑　扎根教育，言为心声

三、下步打算及措施

今后，学校主要做好六件事情：

1. 加大教育资金投入，率先将学校建设成为省标准化学校

按照阳信县中小学布局调整规划，依据山东省建设标准，学校积极争取少数民族学校建设资金，加快投资500万元的学生公寓和餐厅项目建设，不断扩大优质教育资源，让少数民族学生接受更好的教育。

2. 强化师资培训，不断提高学校的师资水平

狠抓教研工作，加强教师培训，实施"三引一推"工程，把"阳信名师"引进来，把教研活动引进来，把成功经验引进来，把青年骨干教师推出去，不断促进学校教师素质的整体提高，为教育质量提高积蓄力量。

3. 实施"特色"建设工程，加快提高学校管理水平

以"让少数民族学校出精彩"为目标，积极开展陀螺、蹴球等少数民族传统体育项目，丰富教育发展内涵，全面推进素质教育，最大限度地挖掘学生潜能，让校园更具活力。

4. 加大依法治教力度，切实保障少数民族学生受教育权利

加大对新《中华人民共和国义务教育法》的宣传力度，提高少数民族学生家长依法保障子女接受九年义务教育的法律意识，让更多的学生成人成才；积极协调有关部门加大对学校周边环境治理力度，努力创建平安和谐校园。

5. 建立协调应对机制，妥善处理影响民族团结的突发性问题

制定预防和处理涉及少数民族师生的突发性事件工作预案，明确工作职责、工作程序和工作原则，增强防范能力和处理能力，确保及时妥善处理影响民族团结的突发性事件。

6. 拓宽教育宣传阵地，促进民族团结教育深入开展

深入挖掘地方民族教育资源，采取开设民族常识地方课程、举办学校艺术节等形式，大力宣传党和政府的民族教育方针政策，积极创设"汉族离不开少数民族，少数民族离不开汉族，各少数民族之间也相互离不开"的共同

坚守初心
——让教育理想在实践中丰盈

团结进步的良好氛围，努力维护社会和谐稳定。

各位领导、同志们，民族团结至关重要，加强民族团结教育意义深远，在今后的工作中，我们将以此次会议为契机，认真贯彻落实有关讲话精神，进一步解放思想，创新实干，为争创民族团结进步示范学校、提升阳信对外形象做出新的更大的贡献！

第五辑　扎根教育，言为心声

在法制的蓝天下健康成长

——在2014年5月滨州市政协普法教育调研会上的发言

各位领导：

我是来自流坡坞镇中心学校的一名政协委员，普法教育事关学生健康成长，今天的学生就是明天的家长，从这个层面讲，普法教育事关社会和谐稳定。我校把这项工作放在重中之重，将普法教育与学校德育和教育教学工作有机结合，采取了一些措施，开展了一些活动，从小在学生心里种下一颗"善"的种子。现将有关情况汇报如下。

一、主要措施

青少年普法教育需要学校、家庭、社会的共同参与，各自功能不同，三者只有协调一致，取长补短，才能产生更好的效果。

1. 建立普法师资队伍

学校重视教师的普法工作，定期组织班主任和任课教师参加校本法制课程培训，充分发挥法制副校长作用，每学期举办法制教育报告，教育学生从改正不良行为习惯做起，学法、懂法、护法、用法，在学校做个守法好少年，在社会做个守法好公民。

2. 发挥课堂主渠道作用

学校坚持将安全、法律等教育与课堂教学有机结合，渗透到课堂教学的全过程。各班每周开设法制教育课，做到了有计划、有过程、有记载、有反思；在学科教学中，充分挖掘教材里有关法律的教育内容，结合教学活动对学生进行礼仪知识、法律常识和法制意识的培养，让学生能运用所学知识去分析社会生活中的一些法律现象，让他们在教师的指导下辨别是非。例如，"未成年人如何远离犯罪""什么是未成年人违法""什么是未成年人犯罪""借钱不还是否违法"等。

3. 重视家庭教育对青少年的身教作用

为了提升家长的教育理念，促成家长和学校更好地配合，让更多的家长能够承担起教育孩子的职责，提高教育实效，学校开展了"带法回家"活动，引导学生把在学校学到的法律知识带回家，通过"小手拉大手"的形式带动家长学法；通过《致家长的一封信》、家长会等形式，加强与家长的沟通联系，组织教师进行家访，向家长传授法律知识和教育孩子的正确方法，使家长认识到言传身教的重要性，主动配合学校开展普法工作，促进了家校共建。

4. 发挥社区的境教作用

学校与派出所、交警队加强联系，加强了对校园周边环境的综合整治，加强在学生上学、放学时段在校园门口的执勤，确保学生安全；邀请离退休老干部、老战士、老教师到校讲课，发挥了"五老"在普法教育中的积极作用，促进青少年健康成长。

二、主要活动

1. 加强对学生养成教育专项检查评价

学校从小事抓起，从学生的一言一行抓起，防微杜渐，规范学生的日常行为；实行星级学生评价和行为示范班评比活动，寻找身边的榜样，教育学生认真学法、知法、懂法、守法。

2. 主题班会

各班进行"学法守法，珍爱生命""心理健康教育"为主题的班会。班主任做好思想引导，并做好班会活动记录；利用国旗下讲话、班会等主要阵地，对学生进行法制宣传教育。

3. 参观青少年法制教育基地

学校组织学生参观拘留所、流坡坞派出所等青少年法制教育基地，利用社会资源开展好普法工作。

4. 举办"法制在我身边"征文比赛

各班学生收看法制宣传片，对法律常识进行大讨论，联系身边事，谈谈遵法守法的重要性，组织学生参加"法制在我身边"征文比赛，要求内容健康真实，引导学生积极向上。

5. 开展"帮扶"活动

校园内，我们要求全体教师与学困生开展手拉手活动，同时要求各班班主任不仅了解学生在校的情况，还要了解学生的家庭情况；对父母离异、单亲的、家庭出现变故的学生格外给予关怀和温暖，对不良行为学生从心理障碍上进行分析，给予耐心的疏导。

6. 利用校外教育基地

清真寺作为校外教育基地，我们定期组织学生到清真寺参观，打破学生对清真寺的神秘感，使学生了解清真寺的作用，了解少数民族的生活特点。我们还聘请南街回民村党支部书记马桂枝为校外辅导员，为全体学生讲解回汉民族团结的重要性和紧迫性；邀请清真寺阿訇到学校讲解民族团结的政策，劝诫各民族同学之间团结互助、共同进步，教育学生认真学习，培养学生做人的品德。这些活动的开展为我校全体学生形成民族团结、积极向上的学习氛围奠定了良好的基础。

7. 开展学生实践活动

要想地里不长草，只有庄稼长得好；要想学生不捣乱，你要让他有事干。为此，我们积极创设环境，投资建设了学校少年宫，重在培养学生动手动脑的能力。我们开设了跳棋小组、篮球小组、香囊小组、书法小组、绘画小组等系列课外兴趣小组。这些兴趣小组的组建为学习暂时落后的学生和留守儿童找到了信心，增强了他们求知的欲望，搭建了他们一展身手的舞台。

三、存在的问题

1. 专业知识缺乏

法制进课堂，但是法制课教师基本上是由思想品德课教师、班主任兼任，一方面缺少必要的专业法学理论和法律知识；另一方面又缺乏法律实施的实践经验，大部分仅依靠自学课本掌握的一些理论知识，解答不了学生生活中遇到的实际问题。

2. 家庭教育缺位

部分家长教育方式简单粗暴，缺乏与子女间的沟通和交流。有些父母性格偏激，自身素质低，法律知识欠缺和法律意识淡薄，根本谈不上对孩子进行法制教育。有些家长只顾打工、赚钱，要么把孩子托付给年迈的父母，要么对孩子的管教放任自流，听之任之，一旦发生问题，个别家长就到学校吵闹，从而使孩子得不到正确的引导。

3. 社会负面影响

近年来，各地打工潮汹涌澎湃，"留守儿童"教育显现危机。同时，社会上一些领域道德失范，拜金主义、享乐主义滋生，电视、网络、报纸的负面报道，都对青少年法律意识的养成产生严重的不良影响。

今后，我们一定会按照此次会议精神，在上级领导的关心支持下，在全社会的广泛参与下，结合本校实际，围绕法制教育，开展丰富多彩、生动活泼、寓教于乐的普法宣传活动，提高广大师生的知法、懂法、守法意识，为学校教育教学工作顺利开展保驾护航。

不当之处，请批评指正。

解放思想转观念　创新实干快发展

——在2014年5月名校长协作组培训会上的发言

各位领导、各位校长：

大家好！一年来，在局党委的正确领导下，流坡坞镇全体教职员工抢抓机遇，扎实苦干，开拓创新，各方面工作取得了一定成效，办成了一些想也不敢想的大事，解决了一些办也办不成的难事。下面，根据会议安排，向领导和同志们汇报如下。

一、抓心态，选好激活教师积极性的切入点

管理的核心在于尊重人，在于调动每一位团队成员的工作积极性和创造性，我们时刻注意以人性化管理赢得教师的个性化工作。

1.靠感情投入感化人

我们始终把尊重教师、关心教师放在重中之重，在学校管理过程中，积极创造公开、公平、公正的环境，让每一位教师都感觉到公正合理；同时，开展形式多样的文化娱乐活动，丰富教师的业余生活；对工作成绩优秀的教师，大张旗鼓地给予精神鼓励，让教师们舒心地工作；此外，积极筹措资金，改善教师办公环境和生活条件，解除教师们的后顾之忧，凝聚了人心，激发了活力。

2.靠读书工程引导人

改变教师首先不是转变其教学观念和方法，而是要改变他们对人生的态

度。一个人只有对人生有了新的看法和提升，才能转变观念与方法。我们启动了"读中外名著，做智慧教师"读书工程，为教师们购买了大量书籍，让好书点亮教师智慧，让阅读陪伴教师成长。

一是故事引领。在每次的培训中，我们总是通过各种令人深思的小故事来引领教师该怎样做，该有怎样的境界与胸怀。在前两天的培训会上，教师们还分享了《同样一斤米》《把自己酿成一瓶酒》等故事。

二是读书提升。我们举办读书交流会，让教师在介绍自己读书体会时，让更多教师知道哪些书值得读，哪些书对自己有帮助。《破解幸福密码》《教学工作漫谈》《做一个聪明的教师》，都成为我们的精神食粮。

一本本智慧书籍，一次次思想碰撞，在潜移默化中改变了教师们的观念，使他们形成了创先争优、争先进位的共识。

3. 靠成绩进步感召人

成就教师才会成就学生、成就学校。2013年，我们启动了"名师培养工程"，培养自己的"土名师"，引领全镇教师队伍的成长。去年以来，我们克服资金困难的实际，累计派出教师参加省市县学习培训达200余人次，教师们开阔了视野，增长了才干。积极走出去的同时，我们还邀请博兴一小成玉丽、信诚中心小学蒋雪珍、实验小学文玉燕等名师，为全镇教师做报告，发挥了示范引领作用。

"生命在于运动，教研在于活动"。我们广泛组织开展教科研活动，优质课评选、基本功大赛、班主任论坛、师德演讲比赛等活动，为教师们搭台子、竖梯子，提供发展的平台，使其成为广大教师发展自己的舞台。

有付出就有回报，广大教师"各显神通"，凭借自己的真本事演绎了一幕幕的精彩。一年以来，有1人被县教育局评为教坛新星，16人次在市县优质课、技能比赛中获奖，1人在省优质课中获奖，填补了流坡坞教育的空白，4人入选市县"三名"工程，8项省市县课题结题。

二、抓投入，夯实创优发展环境的着力点

教育要发展，投入是关键。面对学生人数少，办公经费少，乡镇财政困

难，教育附加不足的现状，我们不等不靠，开源节流，千方百计筹措资金，想方设法改善条件。

一是屋盖翻新保质保量完成。面对屋盖翻新工程工期短暂、工作量巨大、资金短缺的不利局面，我们攻坚克难，累计翻新房屋40幢，保质保量完成了工作任务，协调工程队垫资约140万元，受到了市县领导的肯定和表扬。

二是幼儿园旧貌换新颜。投资500万元的省标准化新镇中心幼儿园，正在进行室内外装修，暑假后投入使用；筹措资金100多万元，先后对曹集、前营、北董等学区幼儿园进行了升级改造，包括更换门窗、刮瓷吊顶、粉刷墙壁，彻底改变了农村学区园脏乱差的局面，极大地提高了办园水平。

三是校舍设施更新换代。我们先后争取资金70多万元，为前营、北董、二陈等学校建起了高标准实验室，对流坡坞学校、二陈、周商等校舍进行了维护装修，对流坡坞学校和曹集学校进行了绿化美化，改善了师生的工作学习条件。

三、抓创新，找准追赶超越发展的突破点

一是在工作思路上创新。学校管理既要用制度管理规范人，又要用人文管理发展人，只有二者双管齐下、"刚""柔"并济、完美结合，才能有利于学校的健康发展。工作中，我们坚持"以人为本，求实创新，制度引领，规范管理"的办学思路，用制度引路、用制度激励、用制度保障，规范学校管理，先后出台了《流坡坞镇教育干部管理考核办法》《流坡坞镇工作创新奖励办法》等一系列规章制度。这些制度涵盖面广，有很强的可操作性和导向性。我们坚持以人为本的理念，采用灵活方法，对学校的工作既有规范作用，又有引导激励作用。

二是在管理方式上创新。在党的群众路线实践活动中，我们拓宽问政渠道，凝聚各界智慧，在全镇范围内开展了"'争献金点子，我当智多星'为教育发展建言献策"活动，激发广大教师、学生、学生家长和社会各界人士为教育发展建言献策，活动中共收集"金点子"153条，很多点子具有创新性、前瞻性，为我们教育决策提供了参考。

为提高工作效率，提升工作质量，我们研究制定了《流坡坞镇中小学（幼儿园）工作效能提升考核办法》，通过对各学校进行工作效能考核，强化了教师的责任意识、时间意识、效率意识，提高了教师的领悟力、执行力、创新力，全镇中小学工作作风明显改进，办事效率明显提高。

　　三是在工作措施上创新。为更好地推进学校管理的精细化，我们每学期都要举办全镇校长论坛及联合观摩活动，广泛开展互看互比互学活动，促进了学校的内涵发展；定期举办全镇班主任工作论坛，为班主任搭建了共享成功经验、共同探讨实际问题的平台，加快了班主任队伍成长；以"让每所学校都精彩"为目标，实施了"一校一特色"建设工程，最大限度地激发校园活力，挖掘学生潜能，让更多的学生成人成才。流坡坞学校的民族体育项目打陀螺、二陈小学的打花棍、翻花环，前营小学的哈啦虎进校园都形成了自己的特色，丰富了校园生活，陶冶了学生情操，并且挖掘与传承了当地优秀的民间艺术，得到了社会的认可。

　　不当之处，请批评指正。谢谢大家！

第五辑　扎根教育，言为心声

做书香校长　建书香校园

——在2015年4月阳信县优秀中小学校长"领导力内涵
建设"论坛上的发言

各位领导、各位同人：

大家好！感谢县局组织的这次活动，为我们交流学习搭建了平台。我发言的题目是"做书香校长，建书香校园"。

参加联想培训，给我最深的体会就是，朱胜文老师幽默风趣的语言，睿智独到的见解，风格迥异的教学方式，无不透露出他思维敏捷，饱读诗书，学识渊博，让我大开眼界，如痴如醉。精彩从哪里来？"腹有诗书气自华"，回想工作经历，越发感到阅读的重要性，我作为校长，更要爱阅读、勤阅读、善阅读，让阅读成为习惯，让书香浸润人生。

在我看来，阅读无止"径"，《论语》有言："三人行，必有我师焉。""阅读"书籍，坚持问题导向，学习成熟的管理经验，在学习中寻找解决问题的方法，避免走弯路；阅读"网络"，学习时事新闻，做到与时俱进，紧跟时代不落伍；阅读生活，向实践学，学以致用，用以促学，理论联系实际，不断提高工作能力和水平。

随着信息技术的发展，我们阅读的渠道也得到拓展，从传统的书本、报纸、杂志等，扩展到了博客、微博、微信等载体，特别是微信。现在每天回到家，一闲下来，我就会先看看朋友圈有没有更新。有人说，这叫手机依赖症，我不赞同。因为一些微信推文确实写得漂亮，文字美，有意味，短小精巧，风趣生动，读来让人感到精美、雅致，让人不由自主地想继续看下去。

阅读的时候，我坚信好记性不如烂笔头。因此，在阅读书报、浏览网站的同时，我特意建立了几个文档，积累好词佳句和成功经验，现在已有几十页内容。当然，只是阅读与积累还是不够的，孔子说："学而不思则罔，思而不学则殆。"思则有疑，疑则有辩，辩方能明。我结合工作实际，将所思所想所悟形成书面文字，撰写心得体会。时间久了，就应了那句古话："读书破万卷，下笔如有神。"

我愿同大家一道，做书香校长，建书香校园。

后记 ▶

　　2022年的春天注定不平凡。一场突如其来的新冠疫情，让阳信按下了"暂停键"，全县人民积极行动起来抗击疫情。

　　战"疫"中，我和几位同事承担了河流中学隔离点的服务保障任务，坚守了近一个月的时间。夜深人静之时，我对近二十年的工作生涯进行了回顾和思考，特别是对诉诸笔端的教育思考、学习体会、教学设计、典型发言等文章进行了归纳整理。其中有收获，也有教训；有成长，也有不足；有欣喜，更有感动。经朋友介绍，有了出书的想法。

　　作为一名扎根基层的教育人，我对乡村教育怀有深厚感情，心系乡村师生，情系父老乡亲。本书所选文章大多是2016年之前的教学印记、实践反思和经验总结，没有长篇大论，也没有高深理论，更谈不上学术价值，可以说是振兴乡村教育的一线探索和实践。有些文章的撰写得到了张付亭等同事的支持帮助。不敢奢求对同人有所启发借鉴，但求记录走过的每一个春夏秋冬，对个人今后的工作有所参考帮助，为乡村教育发展贡献自己的智慧。

　　在书稿整理的过程中，张付亭、秦树强两位同事提供了热情帮助，付出了心血和汗水，在出版过程中有幸邀请了王玉军校长为书作序。刘战辉主任从项目申请到出书的整个过程投入了大量精力。本书的顺利出版，得益于很多人的付出，在此一并表示感谢。水平有限，难免有不足之处，相信读者朋友会甄别自辨。

　　乡村教育路在何方？这需要教育专家的高端引领，更需要一线教师的躬身实践，我愿继续探索前行。

杨强强

2023年1月6日